夫妻心理学

[日] 冈田尊司　著　卓惠娟　译

北方文艺出版社

黑版贸审字 08-2019-213号

图书在版编目（CIP）数据

夫妻心理学 / (日) 冈田尊司著 ; 卓惠娟译. — 哈尔滨 : 北方文艺出版社, 2021.4（2022.7重印）
ISBN 978-7-5317-4773-4

Ⅰ. ①夫… Ⅱ. ①冈… ②卓… Ⅲ. ①婚姻 – 社会心理学 – 通俗读物 Ⅳ. ①C913.13-49

中国版本图书馆CIP数据核字(2020)第008733号

夫妻心理学
FUQI XINLIXUE

作　者 / [日] 冈田尊司
译　者 / 卓惠娟

责任编辑 / 李正刚
封面设计 / 烟　雨

出版发行 / 北方文艺出版社
邮　编 / 150008
发行电话 / （0451）86825533
经　销 / 新华书店
地　址 / 哈尔滨市南岗区宣庆小区1号楼
网　址 / www.bfwy.com

印　刷 / 河北京平诚乾印刷有限公司
开　本 / 880mm × 1230mm　1/32
字　数 / 120千
印　张 / 5.5
版　次 / 2021年4月第1版
印　次 / 2022年7月第2次

书　号 / ISBN 978-7-5317-4773-4
定　价 / 49.00元

序

你，是否真心爱着另一半？

现在，为了夫妻或伴侣关系而烦恼的人越来越多。很多人觉得无法再和另一半继续携手同心，却因为顾忌经济问题或对孩子的影响而勉强维持关系，还有不少人想要分手。另外，也有许多夫妻虽然很重视另一半，但在实际面对伴侣时，总是无法和平共处、互相责备埋怨，彼此的情感及行为没有交集。究竟要怎么做才能让彼此更了解对方的心意，建立重视彼此的关系呢？

许多抱着这类烦恼的伴侣，来到我经营的诊所或合作的咨询中心，其中不乏希望解决丈夫施暴或夫妻问题的人；我也经常遇到很多个案，一开始是当事人因为自身的忧郁或躁郁问题而来咨询，或是为了孩子的困扰前来，但探询背后的原因，最后发现其实和夫妻问题有深切的关联。像这样的个案，通常只要设法让夫妻关系好转，就能改善当事人的精神状态或解决孩子的问题。

另外，虽然结了婚，但是伴侣对于孕育下一代的态度消极；或是伴侣原本就对性生活冷淡，导致另一半无法满足性欲；或是另一半性欲旺盛，难以应付而产生抗拒的个案也十分常见。

夫妻关系原本就很脆弱。日本的离婚率很高，每三对夫妻中就有一对离婚，只怕未来和美国的情形（两对夫妻中有一对离婚）也相去不远。根据某项社会研究调查，日本的外遇人口达五百万，已成为威胁家庭关系的严重问题。祈求和伴侣白头偕老却无法如愿，和觉得被束缚、希望挣脱羁绊的人，同样因为婚姻关系而痛苦。

而且，近年因为伴侣有轻度发展障碍或人格障碍，导致夫妻间无法分享情感，内心空虚，或是因为无法理解对方的行为而深感困扰的案例也相当多。

社会形态的急剧变化，让夫妻关系及爱情的形式也开始转变，但也因为还未达到稳定的程度，整个社会才会陷入矛盾痛苦中。

究竟该怎么做，才能与伴侣建立合适且稳定的关系呢？要是夫妻之间已经产生嫌隙，或是伤痕累累时又该如何修复？是否可能破镜重圆？又或是觉悟彼此关系已不可能修复，是否该快刀斩乱麻，迈向新的人生呢？这些情况，应该在什么时候下定决心，今后又应该维持什么样的关系，以什么样的家庭形式为目标才好呢?

相信这些问题势必将成为多数人必须面对的迫切课题。本书将通过二十一个案例来逐一分析，我想应该也能帮助你面对自身问题，了解问题的本质，并且从中获得必要的应对方法与启示。

本书列举了很多案例，有关名人的案例都是以公开的文献资料为基础。虽然我尽可能参考多方数据以求客观，但是仍难免有只以单一数据作为参考的状况。而针对一般人的案例则是将登场人物的姓名改为假名重新编写，和特定案例无关的事项则尽量删除。

目录

第 1 章　无法再爱的妻子们

1　为什么彼此心意无法相通　2

故事　因丈夫漠视而身心俱疲的妻子　2

解药　毫无交集的依附典型　4

2　伤害彼此的自恋夫妻　9

故事　逝去的青春　9

解药　为自恋障碍而奋战　12

3　被挑动的愤怒神经　18

故事　情绪失控的美丽妻子　18

解药　啃噬人生的无谓争吵　21

4　对爱与温柔的渴望　26

故事　无法获得满足的外遇妻子　26

解药　究竟是为了什么奔向不如丈夫的男子　29

5　婚姻不是独角戏　32

故事　我的丈夫有“阿斯伯格综合征”　32

解药　为卡珊德拉障碍而苦的妻子们　34

6 当一切不如己意时 37
故事 走到尽头的爱 37
解药 “非……不可”的思维扼杀了爱情 41

7 逃避现实的男人们 45
故事 想重回单身的丈夫 45
解药 男人的逃避心态伤害了女人 49

8 不再注重亲密关系的妻子们 52
故事 到底是谁变了 52
解药 产后危机带来的夫妻问题 53

9 没有回报的努力 57
故事 贤惠的妻子与四处留情的丈夫 57
解药 蚱蜢无法过蚂蚁的生活 59

10 无限轮回的噩梦 64
故事 明知该远离家暴的丈夫 64
解药 为什么总是选择同一类型的男人 66

11 决心复仇的人妻 69
故事 妻子执着于存款的理由 69
解药 报复也无法重拾人生 72

第 2 章 重拾爱与人生的妻子们

12 爱不是支配 76

故事 女强人的陷阱 76

解药 不要试图支配一切 79

13 让迟钝的丈夫学会体贴 82

故事 为冷暴力丈夫而困扰的妻子 82

解药 试着当丈夫的爱人吧 83

14 关掉愤怒的开关 89

故事 三十年来的怨恨 89

解药 反击无法平息愤怒 91

15 “暴力老公”的再出发 95

故事 建议离婚的状况 95

解药 判断破镜重圆的可能性 97

16 从鸟笼振翅疾飞的妻子们 100

故事 谁夺走了妻子的光环 100

解药 重新找回自主的人生 103

17 修复依附情感的时刻 105

故事 单亲妈妈遇上离婚男 105

解药 依附形式的改变 108

第 3 章 寻找爱情的新形式

18 长长红线联系的两人 112
故事 与“小王子”的二十五年 112
解药 不一样的家庭形式 114

19 婚姻不一定是爱情的坟墓 119
故事 兼顾自我价值实现与爱情欲求的女性 119
解药 为爱自己而生也是一种人生 133

20 崭新的家庭形式 138
故事 因为离婚重获幸福的女性 138
解药 寻求适合自己的家庭形态 144

21 人生与伴侣 152
故事 第三次的坦率 152
解药 随着年龄增长而改变的爱情形式 161

结语 唯有爱与关怀，人才能活下去 166

第 1 章　无法再爱的妻子们

一味地怪罪对方，是永远无法解决问题的。所谓的关怀，不是单方面付出，而是在彼此相处的过程中日积月累。

1.为什么彼此心意无法相通

故事 因丈夫漠视而身心俱疲的妻子

不知从什么时候开始，每到丈夫快回到家的时间，亚夕美的胃就仿佛有重物沉沉压着般难受。大儿子还小的时候，她还很期待丈夫回家的时刻。但是，近来每当疑似丈夫的脚步声一接近，她的心情就沉重无比，全身都僵硬起来。

数不清多少次，她都觉得再这么下去不是办法，努力设法想去改变这种状况。试图和丈夫多沟通，想要增进彼此的了解。亚夕美的愿望，应当不是强人所难，也并非奢求。只不过是希望和丈夫弘毅，如一般夫妻那样交谈，彼此倾听，无论好事坏事都能共同分享，两人一起渡过难关。

事实上，两人在结婚以前，她曾以为弘毅是能够建立这种关系的对象。虽然弘毅不是个健谈的人，但他总是会专注地听亚夕美说话，给她适当的建议。这令她觉得弘毅虽然沉默寡言，即使不太喜欢闲聊，但重要的事情总能和她认真沟通。

结婚之后，通常也是亚夕美话比较多。仿佛等待丈夫回家已经心急如焚般，她总是把一天家里发生的事巨细靡遗地告诉丈夫。而弘毅也从来没有嫌妻子啰唆，总能耐心听她倾诉。

但不知道从什么时候开始，弘毅在亚夕美说话时，几乎有一半的时间都心不在焉，有时甚至露出一脸郁闷的神情。而且，在亚夕美希望他能倾听、给她援助时，弘毅却冷漠地把脸别过一旁。

其中的分界线，大概是她开始为小儿子烦恼的时候吧。当小儿子确诊患有发展障碍时，亚夕美竭尽全力地去寻找各种方式咨询，希望能够找到改善的办法，也定期带孩子接受治疗。即使积极地寻求解决办法，亚夕美仍无法接受现实，看到自己的孩子比其他孩子成长迟缓时，无处可发泄的情绪，让她的心情起起伏伏。当向弘毅倾诉时，哀叹及抱怨远远多于报告孩子进步的情况。而能够倾听亚夕美心声的对象，只有丈夫弘毅，她以为丈夫当然可以包容，为她分担。

然而，弘毅的反应却与亚夕美的期待背道而驰。好不容易盼到丈夫回家，开始向丈夫诉说几乎快爆炸的满腹心事时，他的反应却是立刻拉下脸，一一否定了亚夕美的努力与做法，继而是仿佛事不关己般的冷言冷语，最后，甚至就像一切都是亚夕美的错般开始责备她。

丈夫的态度让她火冒三丈，她怪丈夫：“为什么你不愿意好好听我讲呢？难道孩子的事跟你无关吗？”丈夫却恼羞成怒，蛮不讲理地对她说：“就是因为你这么歇斯底里，才会没办法教好孩子！”丈夫对她的粗暴言语已成了家常便饭。

可能是这些状况的缘故，曾几何时，孩子们也开始讨厌他们的父亲。冷静下来后，亚夕美尽可能不在孩子面前说弘毅的坏话，却再也拂不去对丈夫的失望与愤怒。

但站在弘毅的立场，他也有话要说。弘毅在公司刚获得晋升机会，承受着巨大的责任及压力。他原本就是技术人员出身，并不擅长领导部属、职场上的谈判，但这些事也不能老是挂在嘴上。弘毅虽然很少在家抱怨公司的事，但内心为了工作已经饱受压力。

虽说是自己的孩子，但每晚被迫听到的都是不抱希望的现状及妻子的唉声叹气，对于他筋疲力尽的神经犹如拷问一般。妻子说的字字句句，仿佛在责备当父亲的他。为什么连孩子的事也要烦他？他内心真的这么想。基于自我防卫，不由得说话粗暴起来，出口责备妻子。

他们彼此的心情无法得到对方的理解，两人在情感上渐行渐远。

就亚夕美的角度来看，她也无法接受丈夫不愿听她倾诉这些重要的事情，却一味索求她的身体。除了没有那样的心情，亚夕美对弘毅只感到嫌恶。

妻子的拒绝，让弘毅的态度更加顽劣，形成攻击性的行为。回家时连声招呼都不打，就闷不吭声地开始喝酒，只要妻子对他这样的态度有任何怨言，他便趁着醉意，口出恶言辱骂妻子，甚至乱发酒疯。

孩子们对他十分畏惧，看到父亲回家就突然沉默下来，当父亲不在家时，神情才会放松。亚夕美开始不解，他们究竟为了什么生活在一起，除了离婚，是否有其他途径可以摆脱这种状况？亚夕美开始认真地思考这件事。

解药 毫无交集的依附典型

这对不幸的夫妻，是可以从许多伴侣身上见到，彼此毫无交集的典型。就让我们从这对夫妻之所以会平行前进而无法产生交集的根本问题开始探究吧！

人际关系，尤其是夫妻或情侣间的亲密关系，“依附典型”是了解当事人和对方是以何种方式产生关联的最佳线索。

在说明什么是“依附典型”之前，先简单说明什么是“依附”。**所谓依附，就是支撑人与人联结的“羁绊”。**要说依附关系是一种心理联结，不如说它是一种生物学上的关系。因为同样的关系，在小狗、马、猴子等其他哺乳动物身上也有体现这种本能受到催产素这种激素所控制。

不论是人类或动物，父母之所以会养育子女，通过群居或组织家庭生活在一起，都是因为借由催产素的依附关系而形成的。曾有实验给恩爱的动物夫妻施加让催产素无法产生作用的药剂，结果竟然破坏了它们的关系，它们也不再养育照顾子女，只关注自己及新恋情。从这件事上应当就能了解依附关系为什么如此重要吧！

而依附关系能否顺利维持，对表现的态度产生决定性的差异。**从小就由特定养育者细心照顾，催产素的结构就能健全，依附情感也会安定，这种类型称为“安全型依附”。**

催产素不仅能产生对人友善的感情，维持长久的亲密关系，也能有助于抑制不安及压力，增强社会认知能力，以及为对方设身处地着想的宽容。因此，在安全型依附关系下成长的人，不仅容易与人维持亲密关系，也更能温柔、用心地体贴他人，不容易感到不安或压力。

相比之下，**幼年时没有得到充分关爱或照顾，或是成长过程中常有爱情受到剥夺、为爱而受伤的经验，依附情感就无法健全发展，会表现出“不安全型依附障碍”。**当不安全型依附障碍随着成长而定型为人格特质后，不仅会产生难以挣脱的羁绊，也容易在养育子女上造成困难，欠缺体贴他人的感情，或是过度严格，对于他人的感受漠不关心，容易有不安感或压力感。

这种不安全型依附障碍，又可以分为两种类型。**一种称为“逃避型依附障碍”**，对任何人都难以建立亲密的依附关系。封闭内心以保护自己，与他人根本没有心灵上的联结，连对自己最重要的人，也只会维系表面上的关系来避免麻烦。这是在缺乏关怀的环境下成长的人常见的典型。

另一种则是**“焦虑型依附障碍”**，和逃避型依附障碍正好相反，这一类型的人寻求过度亲密的关系，只要深入交往，就要求每时每刻黏在一起，不断地索求被爱的证据，稍微拉开距离便觉得不愉快。离不开另一半，想要依赖对方；但另一方面，只要觉得对方的爱情冷淡了，觉得对方不关心自己了，便暴躁动怒、不理睬或是攻击对方。

焦虑型依附障碍和希望保持冷淡关系、不要拖泥带水的逃避型依附障碍刚好呈现对比，因为希望拥有深厚亲密的关系，所以另一方用情再怎么深，都很难让这样的人觉得满足，结果做出这样的结论后便背叛对方。这一类型的人，只要对方稍微置之不理，便因为耐不住寂寞，转而另求所爱，出乎意外地容易变心。换句话说，焦虑型依附障碍会因不同原因而不易维持稳定的关系，但到最后和逃避型依附障碍走向同样的结局。

形成焦虑型依附障碍的原因虽然也和缺乏爱有关，但与逃避型依附障碍有些差异。焦虑型依附障碍的人，多数都是在关怀时有时无的环境下长大。母亲情绪反复无常，有时很疼爱，有时又会排斥拒绝或是严厉的责骂。原本很疼爱自己的人突然消失无踪，也会造成同样的倾向。

焦虑型依附障碍和逃避型依附障碍的反应，在其他方面的表现也有差异。例如产生烦恼或压力时，焦虑型依附的人会去找人商量诉苦，企图博取周围人的同情或协助；相反，逃避型依附障碍的人则不擅长把烦恼的问题说出来或是找人商量，他们习惯封闭自己的内心，装作一副什么事都没发生的样子，甚至不寻求任何帮助。

而且，当有人向他们求助时，两种类型的人的反应也是恰恰相反。当有人觉得困扰而向焦虑型依附障碍的人求助时，他们几乎会倾尽全力地帮助对方，不仅会把自己的事情抛到一旁，连对方的分内事务也会插手做，由于过度热心，容易关心过度，到最后却是白忙一场。

相对的，逃避型依附障碍的人，不仅表现冷淡，甚至会刻意避开麻烦。因此，当一切平顺时，这种类型的人看起来可能像是个亲切的人，一旦对方发生困难需要协助时，他们却会掉过头去置之不理。要求他们协助时，不仅不会体贴帮忙，有的人甚至会生气，因为他们对于让自己卷入麻烦的人，感到愤怒。

了解这些基本观念后，我们再来看看前面的案例吧！

从依附典型来看，亚夕美属于典型的焦虑型依附障碍。她在心理上常会依赖丈夫，把丈夫视为与之讨论的对象。即使是自己就可以思考判断的事，还是要巨细靡遗地报告，希望丈夫肯定自己的做法，渴望得到丈夫的肯定与支持。

另一方面，她的丈夫弘毅却属于逃避型依附障碍。原本就不擅长情感上的表达，无法诉说自己的心情，或是向旁人商量自己的烦恼。弘毅在公司的压力堆积如山，但他无法向妻子说出口，全往肚子里吞，封闭着自己。

两人的依附障碍落差，在相安无事时不明显，一旦发生问题，就突显出来。亚夕美任何大小事都要找丈夫商量，向丈夫求助，当心爱的孩子发生问题时，更是方寸大乱，完全失去了判断力。

但是，弘毅则是对于自己的状况与痛苦闷声不吭，也不会主动求助，完全藏在心里。因为他什么都没说，妻子也没发现丈夫内心承受着极大的压力；更不幸的是，妻子越是向他求助，逃避型依附障碍的丈夫越是觉得郁闷，不但不会关怀体贴，反而会发脾气或表现出攻击妻子的反应。以至于事情会演变成妻子越是要求他体贴或支持，越是会被他的否定言语或冷淡的态度所伤害。

如果不从依附观点来看，这个悲剧的差异，根本无法理解。

即使是夫妻，这两人对于情绪及行为的反应方式，犹如居住在不同星球的人。

如果亚夕美能够了解弘毅越是痛苦，越难以用言语表达，苦水总是往肚里吞；而弘毅能够了解亚夕美的哀叹或抱怨，并不是在责备弘毅，只是希望他能说一句安慰的话，他们两人之间或许就不会渐行渐远吧。

当夫妻关系发生严重裂痕时，常和依附典型差异有关，有必要掌握其中的问题，重新扣好扣错了的纽扣。

要点

夫妻之间的严重裂痕，依附典型差异是关键。解开扣错的纽扣，重新扣上吧。

2.伤害彼此的自恋夫妻

故事 逝去的青春

身为内科女医生而活跃在职场上的真希子，几年前就开始对外科医生的丈夫感到强烈失望。近来，生理上的厌恶与憎恨更是大增，她开始认真地思考是否要与丈夫离婚一事。夫妻两人都是医生，社会地位及收入都无可挑剔，但她对丈夫的一言一行却是无法再忍耐，夫妻间已经两三年没有性生活，真希子连丈夫碰触她的身体，都觉得要起鸡皮疙瘩般讨厌。

另一方面，刚满40岁的真希子，对于自己正值四十一枝花的娇艳期，却只能如此空虚地度过，有着强烈的失落感及愤怒，她满心希望能尽早和丈夫分手，重拾身为女性的欢愉，之所以还未付诸行动，与其说担心社会上的评价，不如说她更担心离婚对孩子的影响。

孩子对于父母的争吵很厌恶。当他们两人表面关系和谐时，孩子就很开心。有时他们隔着很远坐在沙发上，孩子也会要他们坐近一点。孩子很喜欢父亲，也很尊敬父亲。看到孩子的模样，真希子无法轻易跨出离婚这一步，但她觉得身心状况都达到了临界点。

刚结婚时，她以为自己找到了理想伴侣，心中充满了幸福，为什么现在会变成这样呢？

真希子虽然看起来是在环境优越的家庭中成长，但她的家庭环境其实并不好。她的母亲精神很不稳定，不仅无法从家事或育儿中得到成就感，不成熟的母亲总是把真希子当作谈心对象。当真希子还在读小学时，母亲就把她当作大人，什么事都告诉她，在她面前叹气或是对她表达在家里受到的委屈。母亲甚至连对和父亲在性事上的不满都全部告诉她。真希子哄着母亲、安慰母亲，扮演起保护者甚至是丈夫的角色。

然而，即使她为了母亲这么竭尽心力，在真希子上了大学，离开家里的时候，母亲却唾骂真希子只顾追求自己的幸福而抛弃了她。真希子再也无法忍受母亲及家庭的束缚，选择进入离家遥远的大学医学系。

就读医学系时，母亲仿佛是想困住真希子般，好几次真希子都因为母亲的精神状况不得不回家。

担任实习医生时，她认识了在大学医院服务的正彰。正彰的父亲有自己的一家诊所，正彰是被当作少爷般抚养长大的精英。他和真希子是不同世界的人，在得天独厚的家庭环境中长大。两人刚开始交往，正彰立刻就对才色兼备、个性稳重又坚强的真希子神魂颠倒。能够当他妻子的女性，除了真希子没有第二人选。两人认识一个月后，正彰就向家人介绍了真希子。

在正彰出色的双亲面前感到畏怯的同时，真希子很讶异世上竟然有人出生在这么好的家庭，真希子惊讶于正彰和自身境遇的巨大反差，同时也深深被他吸引。这简直就是她梦寐以求的理想家庭。

正彰向她求婚时，真希子心里已不是喜不喜欢正彰的问题，而是能否成为正彰幸福家庭里的成员，这样的想法对她充满吸引力。但是，像自己这样来自一个不稳定家庭的人，真的能成为正彰的妻子吗？这样的自卑愧疚，令真希子觉得自己好像欺骗了正彰。当她流着泪向正彰表达想法时，正彰对于她的担忧一笑置之，他说："跟我结婚的人是你，又不是你的母亲。"

实习结束后，两人立刻步上红毯。婚后也很快地怀了第一个孩子。真希子立刻回归家庭，全部心思都放在养育儿女身上。丈夫则是一心投入工作中，真希子无法依赖娘家母亲，全靠自己带孩子，很是辛苦。无法从事最爱的医生工作，虽然让她有一丝焦虑与不安，但她当时还是感觉很幸福的。

丈夫是个凡事以自我为中心的人，很容易就动怒。真希子日复一日地忙于操持家务，她不知道长久下去会怎样，也担心离开工作岗位太久，所以她把孩子寄放在托儿所，重回职场，结果，真希子的负担日益加重，对丈夫的照顾难免有疏忽的时候。

忙碌中准备的饭菜，丈夫却连碰都不碰就破口大骂："这东西能吃吗？"可能是工作升迁，负担及责任都加重了吧，即使是一点小事，丈夫都会勃然大怒，把平日的不满全发泄到真希子身上，一再地对她大发脾气。

刚开始真希子每次遭到丈夫的责骂后，总是自责不够努力，她认为自己有缺陷。愧疚地向丈夫赔不是，对丈夫唯命是从。但这一来反而助长了丈夫的气焰，不论遇到任何不如意，全都怪在真希子头上，一再地责骂她。即使如此，真希子依旧不生气，也没有想过要反驳，因为她觉得丈夫娶回的她是个有缺陷的人。看着丈夫的臭脸度日，设法取悦讨好的日子就这么过了好几年。

她对这样的状况开始心生疑问，是在孩子开始拒绝上学的时候，不论真希子怎么忍耐、奉献一切，孩子却连学校都不愿意去。她不禁重新思考：究竟自己的人生是出了什么错？她开始搞不清楚，自己到底是为了什么忍耐，为了什么要迎合丈夫?

好不容易拥有的理想家庭，却和以前得看母亲脸色度日的生活一样，整天提心吊胆地看丈夫的脸色，这和以前有什么不同?只不过是对象由母亲变成了丈夫而已。即使为家人奉献这么多，母亲也从未高兴过，丈夫更是成天到晚都在抱怨，现在连孩子都变得这么奇怪。

虽然过着同样的生活，但真希子的内心，再也不像以前那样尊敬丈夫，爱意也荡然无存。想尽办法讨丈夫欢心，设法不要惹麻烦地过日子，开始令她感到空虚。一旦这么想，即使刻意忽略丈夫的缺点和缺乏男性魅力的一面，也令她作呕及厌恶。

真希子强烈渴望被当作一个女人来疼爱。但是，她觉得即使再怎么努力想重新来过，却因为遍体鳞伤而无法重拾与丈夫初见时的爱情。

现在她只是为了孩子才留在这个家。若要她说真心话，她会立刻选择离开这里，找回可以做自己的生活，她希望可以找到一个把自己当女人疼爱的男性，希望早日找回这失去的十几年岁月。

真希子期盼能够找到她可以发自内心尊敬的男性，能够了解真希子的心情及优点，真心爱她的人。

真希子想要突破现况的心情，与该不该把孩子从父亲身边夺走的思想斗争，让她饱尝身心都要被撕裂般的痛苦。

解药 为自恋障碍而奋战

这个案例中的两人究竟发生了什么问题呢？最初，两人是因互相吸引而结合，结果竟然走向幻灭，究竟是什么因素造成的呢？

从依附典型的观点来看，这个案例也可以归类为在不稳定环境下成长、缺乏自信、希望得到更多爱与认同的妻子，以及缺乏体贴、把妻子当作私有物般控制、在感情层面上疏于与妻子沟通的逃避型依附的丈夫。这对夫妻在依附典型上确实有很大的差异，但这个案例并不仅于此，其中还有一个大课题纠缠着他们。

那就是自恋的问题。**对现代人而言，满足自恋的部分占了极大的比重。即使谈到现代人的爱情或夫妻关系，也无法避免自恋的问题。**本章将借由这个案例，从自恋情绪的角度，分析影响情侣互动关系的另一项重要因素。

弗洛伊德的时代，认为“自恋”是对他者的爱发生之前，未成熟、未分化的性爱能量，不健全且病态。但是随着成长，自恋会成为珍惜自我的必要能力，借由自恋而达到相信自我的成熟能力。换句话说，随着自信的培养，自恋也开始被视作尊敬他人的感情，达成理想及志向的能力。

不成熟的自恋具有两种倾向。一种是“自我膨胀”，特征是自我表现欲强及自以为万能；另一种则是“膨胀美化他人”，将对方理想化。简单来说，想成为明星是前者的想法；将自己的理想形象投射在偶像或明星身上，就是后者的想法。

其实偶像或明星，在日常生活中也只是一个平凡人。生活在现代的人们，追逐着满足自恋欲的梦想。这样的倾向，即使是恋爱或结婚后，也会产生很大的影响。

要是自恋能够顺利获得满足，就能产生极大的能量。即使谈恋爱，互相满足自恋关系，也会产生强烈的吸引力。

最典型的是某一方单方面地把对方理想化，被理想化的一方，以君临天下的态度对待崇拜自己的人，两人基于满足自我表现欲而结合成伴侣。一方是沉醉于得到自己理想中的偶像，另一方则是得到把自己当神一般膜拜的崇拜者，双方各自满足了自恋。

这样的关系，虽然会因理想化及持续的崇拜而维持，但也会随着现实而幻灭，或是随着理想的破灭面临失败的命运。这对夫妻正是出现了这样的状况。

虽然丈夫正彰是在环境优越、独立开诊所的医生家庭中长大，但母亲的关爱集中于继承家业的哥哥身上，正彰从小在家中的地位有如影子般的零存在感。为了弥补这样的忽视，病态的自恋心理滋养茁壮，产生了过度自信及不可一世的态度。

另一方面，真希子则是在不安定的家庭环境中长大，她对于这样的出身有强烈的自卑感。把自己贬低得比实际上的自己更没价值。虽然在学业上取得了优异成绩而建立了自我的价值感，但内心仍然以否定的态度看待自己。

于是当真希子遇到自信过度的丈夫时，在她眼中，丈夫的一言一行令她觉得非常可靠。而且，在优越的环境中成长，是真希子的憧憬，使她在不知不觉中将丈夫理想化。

只拥有微小自恋的人，会将憧憬及尊敬的对象理想化，把对方视作救世主。

然而，一旦在一起生活，发现丈夫只是虚有其表，实际上只是以自大的强硬态度，掩饰缺乏自信及不被爱的内心。在仍然存有理想化的情感时，真希子拼命为丈夫奉献，屈服于丈夫不合理的要求，唯命是从地讨好丈夫。把丈夫当作崇拜对象，是真希子爱的原动力，为了守护爱情，她只好在丈夫面前委曲求全。

另一方面，丈夫确实需要一个崇拜他、赞赏他的对象。妻子的崇拜及赞赏，满足了他的自恋。满足不成熟的表现欲，是比什么都强大的能量及活力来源。

就这层意义来说，过早生下孩子，是他们婚后第一个错误。当妻子把爱心和注意力转向孩子时，妻子就不再只是唯一的崇拜者及奉献者，自恋心态强烈的丈夫因为时常被忽视而愤怒。

然而，丈夫巧妙地摆脱了这样的困境——以孩子为借口，要妻子对工作断了念头，成功地把妻子束缚在家里。结果丈夫因为经济上比妻子占优势，因此能避免妻子的注意力被工作夺走。

事实上，能力强的妻子，在家事及育儿上都做得尽善尽美，充分发挥贤内助的角色，还有余力照顾丈夫。

开始有改变，是妻子重新回到工作岗位上，无法再竭尽心力照顾丈夫的时候。妻子忙得不可开交，工作结束回到家，便立刻准备晚饭，无暇顾及丈夫。如果是一个体贴的丈夫，应该会了解妻子的辛劳，帮助妻子分担家事。

然而，强烈自恋的丈夫，却因为自己被漠视而愤怒。不但不体贴妻子，反而对妻子发出怨言，经常责备她。

真希子对于扮演贤妻良母的责任感比别人更强烈，当丈夫表达不满时，她努力地响应，即使减少睡眠时间，她也要努力满足丈夫。然而，原本就对自己不再被放在第一优先位置而不满的丈夫，也没有认同她的努力，只是一再非难她做不到的事情，甚至开始对她进行人身攻击。

责备妻子成了常态以后，丈夫开始以工作压力为借口，迁怒妻子。即使如此，真希子仍然认为是自己做得不好，所以拼命道歉，请求丈夫原谅。

当真希子因为儿子拒绝上学而困扰时，丈夫不仅没有给她任何援助，还一味地责难，使她开始对丈夫深感失望。

事态从此逆转。过去一再忍耐、不断被伤害的真希子，自恋的情绪爆发，开始产生反弹。如今被怒气带着走的人反而是真希子。丈夫对于妻子的反击恼羞成怒，他盛气凌人地回击，试图让真希子再次屈服，无法自圆其说时，便破口大骂，丢东西出气，甚至动手打她。

对丈夫产生恐惧的瞬间，真希子内心对丈夫仅存的些微敬意完全消失殆尽。她发现丈夫不再是她的救世主，而是迫害者、独裁者。理想化的魔法解除，丈夫变成了任性自私，只知道逞强，毫无魅力可言，令人唾弃的中年男子。

病态自恋的人不仅无法慰藉他人、体贴他人，甚至一心只想让自己占上风而操控权力，连面对伴侣也是如此，认定自己才是对的，自己比较聪明。因为只有对方承认自己杰出，自己比对方优秀，他才能认同自我。当伴侣要求他的慰藉或体贴时，他觉得自己的完整性遭到否定，因而愤怒不已，反而施加痛苦给对方。

病态自恋的表现，有时不是比对方占上风，而是将自己的规则或价值观强加在对方身上。借由让对方遵从自己的规则，产生优越感和满足感。这又形成对自我的束缚，企图支配、控制对方，强迫对方接受自己认为正确的规则。

不论是自己占上风，或是勉强对方接受自己的做法和价值观，都是漠视对方的感受，缺乏体贴的表现，因为自恋而角逐的一场战争，没有将家庭作为分享情感、互相扶助的场所，只当作霸权争夺战的场所。这场战争的结果不论谁获胜，都无法得到原本想要的体贴与关爱。

单方面的崇拜，或是基于义务而接受对方的控制或支配，虽然也能建立某种关系，但总有一天会产生疑问，觉得对方不断地扼杀自己，当试图重新找回自我时，便会产生反弹与冲突摩擦。不过，这也可以说是找回自我时必经的历程吧。

要点

如果将规则或价值观强加在对方身上，就永远无法得到渴望的体贴与关爱。

3.被挑动的愤怒神经

故事 情绪失控的美丽妻子

30多岁的奈津季，和丈夫一起来咨询求助。奈津季是个长发美女，全身上下散发出一股冶艳的魅力。说话时娇滴滴的口吻充满女人味，宛如搔弄着人的耳际。她的笑容充满魅力，神情十分温和。

但是，丈夫口中描述的她却判若两人。奈津季一生气，简直就是个母夜叉，不论表情或声音都截然不同，令人束手无策。不仅会破口大骂，伸手抓到什么就丢什么，还会甩丈夫耳光或是突然掐住丈夫的脖子，甚至踢他后脑勺。但事后她却不记得自己曾经做过什么事。

这样的情况越来越严重，丈夫开始觉得没有办法和妻子继续生活在一起。虽然丈夫很爱奈津季，但考虑到连日常生活都有生命危险之虞，要是演变成社会事件，对两人来说都不是件好事，所以想着或许分开会是比较好的选择。

但奈津季则说，当她被怒气控制的瞬间，对丈夫只有憎恨；然而当怒气平息后，她也不知道自己为什么要那么生气。虽然她对丈夫并不是百分之百满意，但如果要和丈夫分开，却又令她陷入恐慌，她哭着向丈夫道歉，发誓说绝不再犯。但过了两三天又故态复萌。

奈津季的娘家经营一家和果子的老店，祖母、母亲及奈津季的丈夫都是招赘进门，也就是母系家庭。原本奈津季的丈夫并不愿意入赘他们家，奈津季也抗拒继承家业。没想到在母亲的劝说下，丈夫竟然同意了。

奈津季对于丈夫入赘，虽然一方面心存感谢，但另一方面却又十分不满。她心里隐隐觉得，当初丈夫若是坚持带她离开这个家，她或许就可以从被这家店束缚的人生中解脱。她把一切归咎于丈夫的个性软弱，只要别人一拜托，他就无法拒绝，总是扮演好好先生的角色。

要说温柔，丈夫确实是个温柔的人，但相对不够强势。奈津季也感到不安，担心哪一天丈夫会抛弃她。

然而，实际上，背叛夫妻关系的人却是奈津季。事情大约发生于两年前，奈津季在网上与老同学“重逢”而发生外遇。察觉妻子有异样的丈夫，查了妻子电子邮件的内容后，奈津季外遇的事情曝光了。

为什么奈津季会发生这样的状况呢？推测起因是母亲的突然去世。母亲不仅一手包办这家店里里外外的事物，对奈津季来说也占有举足轻重的地位。即使表面上她会反抗母亲，但实质上却是完全依赖母亲。她从未自己决定过任何事，所有重大决定都是由母亲做主。

母亲骤然过世，奈津季的内心也仿佛失去了依靠。而且，店里没有母亲打理，工作也令人手忙脚乱，丈夫经常在店里过夜，即使回到家，也无暇顾及奈津季，令她觉得非常寂寞。

这时候，一个昔日的男同学和奈津季拉近了距离，在互通电子邮件的过程中，奈津季开始找他诉苦。对方和妻子的关系也不理想，对婚姻有一堆不满，当他表白：“我从以前就一直很喜欢你。”对奈津季表示“想跟你见面”时，她没有拒绝。

他们发生了肉体关系。和次数减少且一成不变的丈夫一比较，奈津季感受到久违的新鲜欢愉，她深陷其中无法自拔，开始控制不住自己，频繁地与对方见面，她失去了理智，甚至不管直到半夜才回家会让事情曝光。果然，突然回家的丈夫发现妻子竟然深夜未归，心生怀疑而发现她外遇的事实。这时候她才外遇不到一个月的时间。

事情一败露，原本还热情无比的外遇对象对奈津季说：“真是糟糕！我们暂时别见面了吧！”之后就避不见面。即使如此，她仍然执拗地打电话、寄电子邮件，最后连对方的妻子也发现他们的不伦。此后他的态度更是判若两人，连奈津季的电话也不再接听。

事情到了这样的地步，她的丈夫也对奈津季的背叛感到愤怒，表示要和她离婚，说了“不能把孩子交给你这样的女人”“店里的事你自己负责”这些话后便对她置之不理。原本一心想着和丈夫分手的奈津季，想到得和孩子分开，以及丈夫离开后店里该如何处理，顿时乱了方寸，突然觉得恐惧。不知如何是好的奈津季，哭着向丈夫道歉。丈夫也考虑到失去奈津季的后果，冷静思考后，决定原谅她。

奈津季很感谢丈夫原谅自己的过错，原本缺乏刺激的爱情，也似乎再次苏醒。

然而，平静无波的日子却没有持续多久。当她和丈夫的关系再次失去刺激，生活又恢复成单调、一成不变的日子。奈津季又如同本文前面所述的那样，反复地发生暴怒的状况。她并非总是如此，大发脾气后，向丈夫道歉，会短暂地当一个贤妻良母，不久后又因为某个导火线被点燃，判若两人地大骂丈夫，失控地发脾气。

最近，奈津季不仅对丈夫这样，愤怒的矛头甚至也转向了孩子。究竟她的内心发生了什么问题呢？

解药 啃噬人生的无谓争吵

夫妻关系恶化的过程中，对彼此的愤怒会带来破坏作用。当两人的关系变差、争吵频率增加，即使没有争执，彼此的不满和愤怒通常也会开始蔓延。

愤怒是种强烈的情绪，很难以理性控制。因此，虽然只是暂时的情绪，却很容易表现出失控的言辞及行为，甚至演变成无法挽回的局面。原本一时的怒气，逐渐转变为慢性长期的愤怒。这么一来，压力升级，肾上腺皮质长期处于大量分泌的状态，很容易造成身心失调。

另外，怒气不仅是针对当事人，也很容易波及周围人造成恶劣影响，有研究报告指出，让孩子目睹父母争吵，所受的影响远比父母离婚更大。

夫妻之间如果想维持幸福安定的生活，如何克服愤怒，是一项极为重要的课题。但其实愤怒有各种类型，不同类型的愤怒，应对方式也各不相同，所以必须先了解属于什么类型的愤怒。

人类所拥有的愤怒情绪是有根源的。基本上，愤怒情绪由两栖类、爬虫类演化而来，依附情感则是由鸟类、哺乳类演化而来，因此愤怒的情绪本能比依附情感更早发生、历史更悠久。由此可见，愤怒是赖以生存的一种重要情绪。当我们自身或孩子的安全遭到威胁，不仅会启动愤怒的开关，提高攻击力，果敢地迎战外敌，更多时刻是表现出愤怒，借由威吓来避免战斗。

会生气的动物比不会生气的动物更有机会生存下去，所以连人类都持续保有愤怒的情绪。

另外，人类控制愤怒的技巧也在不断演化，动物界中只有人类有高度发达的脑部前额叶，其中一大重要功能就是控制愤怒等强烈情绪。不是隐藏起来，而是巧妙地运用愤怒，让谈判顺利或是促进感情。借由愤怒的强烈情绪力量，加上智慧的理性控制，将两者巧妙运用就能成为有效的沟通手段。

妥善运用愤怒，能让自己与对方的沟通或关系变得更亲密。向犹豫不决的对方发脾气，使对方不敢怠慢认真对待；向容易忘记照顾他人的对方表达愤怒，可找回对方的体贴……像这类具建设性的愤怒，称为“功能性愤怒”。相对的，单纯发泄怒气、毫无建设性只会带来伤害的愤怒，就称为“非功能性愤怒”。夫妻间刚开始争吵时，几乎都是非功能性愤怒。并不是绝对不能生气，但是反复出现非功能性愤怒就有问题了。

和此相关的是第一章说明过的依附典型。安全型依附的人，通常生气也是功能性愤怒；相对的，不安全型依附的人，便容易陷入非功能性愤怒中。其中某些不安全型的人，更容易产生日积月累的不满或愤怒，经常抱怨与批评，有时也会歇斯底里地发脾气。另一方面，很多逃避型依附的人，平常不会开口表示不满，但是忍耐达到极限时，就会反弹造成严重的后果。

以这个案例来说，身为妻子的奈津季属于经常需要他人支持认同的不安全型依附人格。另一方面，她的丈夫则是属于具备体贴、冷静、宽容特质的安全型依附人格。奈津季无法控制的暴怒情绪，把即使是最支持她的丈夫，也逼到想离婚的处境，可见她的愤怒属于非功能性。另一方面，丈夫的愤怒让奈津季开始自我反省，力图挽回婚姻，这种愤怒又具有功能性。

愤怒原本是人类保护自我的重要情绪。但奈津季却伤害了对她很重要的人，甚至惹祸上身。像这样非功能性的愤怒，有几种形式。

第一种是“自恋型愤怒”。因为不成熟的自恋而期望得到独占的特别待遇。因此，怀着不成熟自恋心态的人，一旦完全性、特殊性、优越性受到否定，就会勃然大怒，不顾和对方的关系，表现出愤怒。第二章的案例中，外科医生的丈夫对妻子所表现的愤怒，就是因为被置于次要位置而产生的自恋型愤怒。

第二种是“矛盾型愤怒”，表现出和内心的期待相反的行为——攻击或拒绝对方。这种闹别扭的反应，称为“矛盾型愤怒”，时常出现在不安全型依附的人身上。在儿童身上也会出现。明明渴望被关怀，却表现出抗拒或是故意生气的态度，是矛盾型及不安全型的特征。

当人处于矛盾型愤怒状态时，明明希望依赖对方、希望对方陪在身边，却故意不理不睬或是加以攻击。这种人内心希望被宠爱、被关怀，却无法坦率地表达。他们并非一直处在这种状态，而是在受到拒绝，认为自己没有被爱的瞬间，触动了神经而变得情绪失控。

第一章出现的亚夕美，以及本章的奈津季，其愤怒的原因都属于这一类型。内心渴望对方，却因为被忽视而觉得愤怒。如果能适度地表现生气，或许有可能形成功能性愤怒，但若是过度就只会是适得其反。

第三种愤怒类型，是拘泥在受伤的部分。受到伤害时觉得生气，甚至觉得抵抗、攻击都是应当且必要的。但是，已经过去的事，再怎么生气也于事无补，只会破坏与他人的关系，扰乱生活，伤害身心健康。

之所以形成这种状态，经常是因为在受到伤害时过度忍耐，或是反复受伤超出极限而造成的。要是能够及时抒发宣泄，或许不会伤得那么重，因为一味忍耐易造成难以立刻消失的伤害。

如同第二章提及的女医生真希子，她长期忍耐丈夫的任性及暴力，当超过临界点时，就无法再接受对方，对丈夫只剩下愤怒和嫌恶。这么一来，双方就会有冲突、纠纷，没有找到有效对策之前生活也会陷入困境。

事实上，还有一项容易陷入非功能性的典型，那就是**“自我欺骗的愤怒”。勉强认同自己的生存方式，走在并非衷心渴望的人生旅程时，这样的愤怒就会蔓延，侵蚀人生。**

本章提到的奈津季正是这个典型。她一方面依赖母亲，一方面又想脱离母亲。她对丈夫也是这样的期待，希望丈夫帮助她，没想到丈夫却不争气地对母亲唯唯诺诺。

她在表面上虽然感谢丈夫能入赘继承家业，但在内心深处却对丈夫很失望。奈津季渴求的丈夫，是个能将她带离母亲束缚的人。和昔日同窗外遇，正是因为她内心潜藏着这样的愿望。她想要的，是牵着她的手，带着她破釜沉舟成为“共犯”的对象。

然而，外遇的男人却草草地与她分手，被抛下的奈津季，只能回归原本与丈夫的生活。这并非她渴望的生活，她的身体与心灵已经对丈夫完全厌倦。她越想要抑制这样的心情，感谢愿意与她重修旧好的丈夫，无处可发泄的愤怒越是翻江倒海地袭来。当下掩饰的结果，只是把自己的内心锁得更深，因而对于让自己宛如活埋在婚姻坟墓中的丈夫，充满了怒气。

奈津季仍然年轻，渴求轰轰烈烈的爱情，以及身心的刺激，渴望更自由的生活。因此对于无法实现她这个愿望的现实生活，身心不由自主地产生反抗。

要点

走在并非自己所期待的人生道路上，无法实现愿望的身心往往会不由自主地反抗。

4.对爱与温柔的渴望

故事 无法获得满足的外遇妻子

刚迈入40岁的明日花，为了无法抑制的焦躁及愤怒情绪而烦恼。她并不是对任何人都这样，让她烦躁的是最亲近的孩子及男友。以前她对丈夫也是如此，但她现在和丈夫的关系相敬如“冰”，只不过，因为孩子正值青春期，再加上现实的考虑，所以没有离婚，但实际的生活已是“家庭内离婚”的状态。

虽然她在工作上尽己所能地努力，回到家却感到筋疲力尽，做任何事都打不起精神。用过的碗盘甚至可以搁置三天不洗，下厨也只准备孩子的饭菜，她已经很久没有为丈夫准备三餐了。

明日花的父母，年纪相差有一轮之多。年轻的母亲很讨厌丈夫对她的管束。父亲为此很恼火，经常对母亲拳打脚踢。明日花厌恶这样的父亲，却也不喜欢母亲。明日花是三姐弟中的老大，在她的记忆中，母亲并不疼爱她，母亲宠爱的是最小的弟弟。明日花读高中时，发生了令她震惊的事——母亲和外遇对象私奔离家了。

明日花渴求一个带她逃离这个家庭的男人。她第一次交男朋友是在读高二的时候。那时候的她“喜怒无常的女性特质”特别强烈，和男友吵架又和好的戏码反复上演。

她不喜欢独处，永远都要有人陪在身边，但是又很讨厌被束缚。

刚开始和男友交往时，明日花总是二十四小时想和对方在一起，连一分钟也不想分开。但是，交往超过半年后，就会因为男方的束缚变成负担而导致分手，这也成了明日花与男人相处的公式。

只能以电话互诉爱意的远距离恋爱，让她渴望和对方黏在一起，但实际在一起生活时，对方的束缚又令她喘不过气来，也曾有过才一个月就分手的状况。

有一次，当明日花想拒绝男方时，男方恼羞成怒，对她使用暴力，把她打到肋骨断裂导致气胸。虽然她当时痛下决心："我受够了，绝不会再有下次！"但是，因为无法忍受孤单一人，所以一和男友分手，她便立即寻找下一个对象。

明日花是众所公认"为爱奉献"的典型。她所爱上的对象，都是一些满口花言巧语却游手好闲的男人，明日花年轻时，经常把赚来的钱供养男人。

和她结婚的丈夫，属于认真工作型，脚踏实地在公司上班，应该算是她初次遇到的正经交往的对象。丈夫的经济稳定，很有包容心。

她的丈夫工作勤奋但沉默寡言，喜怒哀乐都写在脸上的明日花，对他而言似乎充满魅力，他们的婚姻生活最初也发生过一些波折。明日花的前男友因为发生意外而丧命，听到这个消息的她，哭到几近崩溃。她真正爱的不是丈夫，而是前男友，她抑制不住这样的感情。因为这件事，新婚的甜蜜突然褪色，她和丈夫之间也产生了隔阂。

就在这个时候，她怀孕了。要是没怀孕，或许婚后一两年她就会离婚了。但是现在有了孩子，她不再迷惘，夫妻和好如初。正确说来，是两人都把心思放在了孩子身上，无暇思考其他问题了。

此后，他们过了一段相安无事、缺乏刺激却平静的生活。

让生活再度掀起狂澜，是因为丈夫结束朝九晚五的上班族生涯，开始自己创业。明日花虽然有些不安，但也为新的挑战兴奋不已，为了节省人事费用，她开始协助丈夫的事业。家事和孩子都先搁置一旁，为了不熟悉的工作整天辛勤忙碌。

向来温柔体贴的丈夫，则一心忙于资金调度及事业发展，满脑子只想着如何提升营业额，无暇关怀明日花。当有不顺遂的时候，迁怒明日花的状况也增加了。从早到晚竭尽全力地协助丈夫的事业，丈夫非但没有感谢，甚至还成天地责备她，使得明日花身心疲惫。她也会去反驳丈夫，即使只是鸡毛蒜皮的小事，也动不动就和丈夫起口角。不仅是对丈夫，对孩子也是过度严厉，整天不断地责骂。

和丈夫没法好好沟通，动不动就怒目相视，她已经搞不懂两人究竟是为了什么而一起生活。

这时候，因生意往来，一个男性出现了，两人不知不觉地跨越了界限，他们开始不断地私会见面。

外遇的事很快曝光了，明日花原本就不擅长掩饰感情，虽然为了孩子而维持婚姻关系，但夫妻间的感情就此走到了尽头。明日花曾试图挽回丈夫的心，但是当她为了重归于好而向丈夫求欢，却遭到拒绝时，便心知肚明，丈夫没有原谅她。于是，她不再想挽回丈夫的心，只是把他当作同居的陌生人、孩子的父亲，勉强维持两人的关系。

除了伙食、水电、学费等支出，丈夫不再给她其他花费，明日花因此不再协助丈夫的事业，开始到外面工作。因此又交了新男友，但丈夫也对此视而不见。

但是，不论和什么样的人交往，就算一开始怦然心动，让她一头栽入热恋里，过不了半年，她就会嫌恶唾弃而与对方分手。

解药　究竟是为了什么奔向不如丈夫的男子

即使是因为热恋而结合，为对方牺牲奉献，一旦对方不理会自己，就寂寞难耐，转向他人怀抱的明日花，可以说是不安全型依附障碍中的焦虑型依附典型。

她和上一章提及的奈津季有许多相似之处，却又比奈津季更加缺乏安全感，具有毁灭性的一面。她无法克制自己不去外遇，只要别人对她好就会立刻爱上对方、发生肉体关系。而且一旦和对方发生关系后，就任对方予取予求。即使对方施加暴力，要让她赚钱供养，明日花也不觉得有问题，依然愿意牺牲奉献。

明日花回顾曾经交往的对象，她说："里面最正经的，就是我老公。"但是她却背叛了这样的老公，宁可在远比丈夫更不可靠、有问题的男人身上，寻求不可能得到回报的爱情。这对明日花来说，同样是一个无解的谜题。

开始交往后，即使是分开片刻她也痛苦不已。只要对方不在身边，或是听不见对方的声音，她就无法静下心来，所以当她一有外遇就会立刻曝光。而她外遇的对象，即使一开始对明日花浓厚的爱意感到欣喜，但很快就腻了，就好像吃了太多巧克力一样。所以，当对方露出些许厌烦的态度时，明日花焦虑型依附的本性就会表露无遗，认为"他讨厌我""他对我已经腻了"，因而心情沮丧或是一哭二闹三上吊，感叹自己为爱奉献，对方却不爱自己。见不到对方很痛苦，见到对方却又大吵大闹，有如身在地狱般。

有时候她也不明白自己究竟在做什么？

像明日花这样的人，属于“依赖型人格障碍”。**依赖型人格障碍具有的特征是：①害怕拒绝别人，一旦被他人请求，即使对自己不利的事情也照样顺从；②缺乏独立的自信，总是依赖旁人；③在没有他人很多建议和保证的情况下，没有足够的能力做日常决定；④对于他人的反应很敏感，害怕被讨厌而看对方脸色；⑤一旦和情人或伴侣分手，立刻寻找代替对象或纠缠不休等。**

为不可靠的男人牺牲奉献；相信对方的花言巧语，因而上当签下高额契约；加入可疑的新宗教等，都属于这一类型的人会做出的事。

依附典型中，多数是不安全型依附障碍，而不安全型依附中最典型的发展形式，则是“依赖型人格障碍”。他们之间有许多人的家庭，母亲性格阴晴不定，得不到稳定的亲情，因此在看着父母的脸色下长大。

母亲年龄比父亲小一轮以上，整天争吵不断，明日花的母亲想必自认婚姻生活不幸吧。结果，她的母亲放弃为子女而活，抛家弃子，选择重拾自己的人生。或许对她的母亲而言，这么做比较好，但明日花却觉得被遗弃了。

不安全型依附障碍的人经历过被遗弃，内心产生伤痕的状况下，有时会发生更严重的人格障碍，那就是“边缘型人格”。**“边缘型人格”具有下列特征：①对于被抛弃十分敏感；②情绪**

及人际关系时好时坏，极端摆荡不定；③经常出现自我伤害的行为；④当对方想结束关系时，利用轻生、自残来威胁他人；⑤有自我认同障碍，自信心不足等。

事实上，明日花来找我求助时，就是因为她怀疑自己是不是有边缘型人格障碍。虽然她并未完全符合以上特征，但多少也具有这些倾向。

边缘型人格障碍的人，和父母之间的关系通常很不稳定，由于缺乏来自父母的疼爱及安全感，因此对爱抱着强烈的渴求。而且，尽管他们具有许多优点或长处，却总是自认毫无价值，轻贱自我。

明日花是一个长相清秀端正的美女，工作能力也很强，但她却完全没有自信，义无反顾地为无用的男人付出，同时背叛“认识的男人当中最为正经”的丈夫。

这一切的祸源，来自明日花对爱情深切的饥渴。就像暴食症的患者，怎么吃也无法满足，明明吃下肚的食物都吐出来了，却还是无法抑制想吃的欲望。而且，选择的往往不是营养均衡的美食，而是把堆积如山的垃圾食物往嘴里硬塞。明日花无法满足于和丈夫之间稳定的关系，而把感情投注在完全不适合作为伴侣，一看就知道很快会吵架分手的对象身上，只为了追求爱情及关怀。不但造成经济上的损失，甚至危及健康，还葬送了原本最值得信赖的夫妻及母子关系。

要点

该如何才能满足对爱情的渴盼？只有努力找寻自己的价值。

5.婚姻不是独角戏

故事 我的丈夫有“阿斯伯格综合征”

一位45岁的男性，被妻子强行拉来咨询。根据妻子靖美的描述，她的先生晃久“个性急躁，脾气一上来就无法控制”。他们来咨询的前几天，也经常为了一点小事起口角吵个不休。

晃久是上班族，工作方面虽然可以顺利完成，却很怕与他人打交道，有时也会因此发脾气无理取闹。夫妻虽然也找了许多方式咨询，却一直没什么改善。

依照晃久的说法，他从婚后情绪就变得易暴躁。但靖美似乎认为，应该和晃久的父母有关联。

有一次，靖美得了流感，把需要的物品列出清单，拜托晃久去采买。没想到晃久出门好久才回来，而且满脸不悦，看起来相当烦躁。被他扔在一旁的购物袋里，清单中列出的物品连一半都没买齐。靖美不禁问他：“你怎么回事？”晃久露出更不高兴的表情，他说找不到清单上的东西，所以没办法买。

照理说不可能缺那么多东西，靖美问了详情后，才知道他是照着列表顺序去买的，结果找不到某一样东西，晃久便放弃清单上的其他物品直接回家了。靖美很惊讶地说：“那就跳过那一项，把其他物品买回来不就好了？”晃久十分不悦，他说因为他一心只想照着顺序买，所以没想到这一点。

“这种小事，就算小孩子也知道吧？”被靖美这么一数落，晃久恼羞成怒。他怒吼大叫，把好不容易买回来的东西，从冰箱拿出来，全扔进了垃圾筒。

晃久一发起脾气，就是非不分了。

晃久开车带全家出门旅行，当迷路时，靖美屡次要他去问路，但他总是坚持自己找路，结果反而浪费更多时间。

“我早说问别人不就好了。”靖美一抱怨，就像触动了他的神经，晃久突然暴怒：“少啰唆！”随即开车疾驶，高速冲向对面车道。

“太危险了！不要这样！”晃久完全不理会靖美的劝阻。一辆大卡车边按喇叭边驶近，就在靖美以为要撞上时，晃久才驶回原本的车道，虽然没真的撞上，但靖美已被吓掉半条命。

发生这件事以后，因为不知道晃久暴怒会做出什么事，所以靖美尽可能克制自己。但靖美也不是能够凡事都闷不吭声的个性，总忍不住批评丈夫的行为，只要一有什么事触动晃久的神经，他便会发脾气、大声吼叫，甚至冲出门外。

晃久从童年时期便是一个神经质的敏感孩子。他喜欢一个人静静画图，不喜欢和男生玩耍，宁可和女生在一起。他对环境变化很敏感，讨厌日常生活有变化。直到小学四年级都没交到朋友，总是独自一个人，高年级时才终于交到朋友。但是，他的学业成绩十分优秀，技术方面的表现也很出色。就业后在公司也有极佳的表现。

晃久的母亲是个爱唠叨、凡事都要干涉的人，晃久对母亲总是言听计从。原本他就很依赖母亲，或许由于他的父亲很早就过世，母子间更加相依为命。

可能也是因为这个缘故，他的异性关系也很有限，几乎没有和异性交往的经验，配偶的选择全是由母亲主导。靖美结婚前从他母亲那里听到的，全是好的一面，因此对靖美来说，他们的婚姻简直是一场欺诈。

话虽这么说，靖美对晃久的第一印象不错，觉得他是个相貌端正、节制有分寸的出色男性。后来虽然又见了一次面，但全是同席的晃久母亲说个不停，因为对方希望尽快决定婚事，所以靖美虽然还在犹豫不决，最后仍是被对方半强迫地仓促结了婚。

从结婚仪式的大小细节到他们居住的房子，晃久的母亲全都有意见。大事小事她都要干涉，一开始靖美还勉强忍耐，后来连教养小孩的事晃久的母亲也要插手，加剧了双方的矛盾，现在双方几乎是互不往来。

晃久平时沉默寡言，回到家也是默默听着妻子说话。靖美比较爱说话，经常一个人说个没完。即使对于丈夫的沉默感到不满，她还是忍不住不说。

就算是琐碎的小事，靖美也忘不掉，她总是放在心里因而觉得很受伤。只要有点在意的事，她就整天挂在嘴上。习惯把事情简单化的晃久，总是觉得靖美说的话无边无际地绕大圈，光是听就相当不耐烦。

毕竟有了孩子，靖美现在并不考虑离婚，但是压力不断累积，加上最近身体开始出现问题，抱着抓住最后一根稻草的心情，来找我咨询。

解药 为卡珊德拉障碍而苦的妻子们

阿斯伯格综合征或泛自闭症等名词，现在已广为人知。“成

依附的人，自恋型人格障碍等部分人格障碍或某种高功能人格障碍特质的人时，都可能是形成“卡珊德拉障碍”的原因。

卡珊德拉障碍的症状，是因为原本应该可以通过伴侣认同而缓和的压力无法消除，所以容易产生压力问题或抑郁等症状。自我贬抑、心情抑郁、缺乏干劲、焦虑、易怒、恐慌、混乱等精神症状，以及偏头痛、疲惫感等身体症状。另外，女性容易有经前紧张症恶化情形，生理期来临前十天就开始烦躁不安或沮丧、倦怠，若是伴侣反复地产生情绪爆发的状况，有时还会形成心理创伤，甚至形成创伤后压力综合征。

另外，由于伴侣没有认同的反应，因而造成情绪上受忽视的状态，当事人本身的依附情感容易变得不稳定，便发生卡珊德拉障碍特征上的另一个问题——人际关系。原本乐于与人交往的人，在社交方面变得消极，为了小事而与人冲突，或是虐待家人等。

若是夫妻都对这个问题毫无察觉，没有得到任何帮助，两人没有交集的情况就会变得更加严重，卡珊德拉障碍的危险性就变得更高。因此，一开始应该要认识究竟发生了什么情况。

我所服务的咨询中心，这一类型的咨询个案也急剧增加，只要给予适当的治疗，大部分的人都能得到改善，所以绝对不要悲观。

靖美和晃久的问题，通过医院和咨询中心的帮助，目前夫妻已完全回归平静的生活。

要点

为原本平行的夫妻关系，找寻交集的机会。

6.当一切不如己意时

故事 走到尽头的爱

40多岁的家庭主妇理穗为了丈夫的问题来咨询。她说丈夫非常自私，也不体贴，一天到晚被他搞得很烦躁，她没有自信能够和他共度往后的人生。

理穗结婚已经十八年，家里有两个小孩，一个读高中，一个读初中。她的丈夫正真是位个性认真、凡事一丝不苟的人，不赌博也不喝酒，应该也不曾有外遇。

孩子仍在读小学时，夫妻之间的情况没有这么糟，理穗也很信赖丈夫，两人极少争吵。但是，最近丈夫的一举一动都让她火冒三丈。理穗怀疑丈夫会不会是人格发展障碍，如果真是这样，有没有可能通过治疗改善？如果不是，她想要离婚。理穗倾吐着内心的苦闷。

对丈夫的观点改变，探究起来是正真投资股票失利之后的事。而且正真一直隐瞒理穗，直到有一天理穗为了某件事确认账户时才发现的。为了孩子教育而辛苦攒下的存款，被丈夫擅自拿出了近100万日元，这笔钱被他拿去买了股价下跌的股票，但股价一直没上涨，只有赔钱而已。

正真对钱很计较、小气，平时也常唠叨理穗要她节省，花在孩子身上的费用或妻子的化妆品费用他都锱铢必较。但现在好不容易存下来的钱，却像被他丢进水沟一样浪费掉，理穗愤愤不平。当然，她要正真卖掉股票，把擅自拿出的100万日元存回账户，但事情并未就此结束。

这件事以后，两人的立场仿佛完全调换过来，现在是理穗紧紧盯着正真的一言一行。过去丈夫对她的所作所为，以及她曾经隐忍的事情，在她的脑海里不断环绕。

让理穗尤其不满的，是正真逃避对孩子的责任，没有给予孩子一个身为父亲该有的教导。孩子进入青春期，单靠母亲一人实在管不住，但正真很溺爱孩子，完全不责骂。甚至在理穗绞尽脑汁管教孩子时，正真还从旁打断：“有那么严重吗？”

正真察觉妻子的不悦，为了讨好她，最近经常试图帮忙做家事。他帮忙洗碗洗衣服。但是，在某些地方有洁癖的理穗，并不喜欢碗盘或内衣被丈夫碰触，而且觉得丈夫做不好时，理穗还会再重做一次，她总是忍不住制止丈夫：“你不要碰！”

正真畏畏缩缩地道歉，但理穗看到丈夫这种畏怯的态度又发火了。

她娘家的母亲年纪很大，最近健忘的毛病越来越严重，这也给理穗造成很大的压力。但是，和正真商量照顾母亲的问题时，他的反应总是一副嫌麻烦的样子。可是，正真的母亲入院时，他却偷偷摸摸地跑去探望。丈夫瞒着她去探望婆婆是有原因的，因为正真的母亲总是袒护儿子，所以大约两年前，理穗和她大吵一架后，就几乎没有再往来。

最近只要一看到丈夫的脸，理穗满腔怒火就涌上来，动不动就想破口大骂。

她一口气说完这些状况后，想知道丈夫究竟是不是有人格发展障碍，然后再视结果思考接下来要怎么处理。理穗说到这里，似乎已束手无策。

因为咨询医生并未直接替她丈夫诊断，所以无法正确判断，医生只先根据部分信息做了以下的说明。

就凡事一丝不苟、对财务斤斤计较、个性认真的部分，她的丈夫或许有强迫症的倾向。但是他在求学时期以及就业后，都没发生什么大问题，而且直到几年前夫妻的感情也还不错，所以应该只是个性问题，而不至于发展到人格障碍的程度。

理穗一听便愣住了，她很不服气地问道："既然这样，为什么他老是做些惹我生气的事？"

因此医生便问她：正真之前的个性及言行举止，和现在有很大的改变吗？理穗思考了一下后回答，正真从以前就是这种个性的人。

"既然这样，改变的或许是你的心情吧。"听了医生这么说，理穗更是一副不可置信的表情。"你的意思是有病的是我吗？"

理穗似乎被激怒了，于是医生接着补充说明：

"我不是这个意思。我是说，既然你丈夫的个性和行为举止没有改变，为什么你以前可以接受，现在却不能呢？如果他没有太大的改变，那以前你可以接受的原因是什么呢？"经医生一问，理穗想了一下以后回答："那是因为以前我很信赖他。我觉得事情交给他处理没问题，以前孩子还小，也没发生什么大问题……"

"夫妻的感情呢？"

理穗虽然露出不想讨论的表情，不过，还是勉强地回想了一下后简短答道："比现在好。"

“照顾丈夫的生活起居方面，是不是开始嫌烦了呢？”

“是的，几年前还会帮他准备便当，现在根本不想帮他做。做了也从没听他说过一句谢谢，让我觉得自己像个笨蛋，我怎么还做得下去？”

理穗在谈话过程中，提到正真年轻时留着长发，萨克斯吹得很好，很多女生喜欢他。他们之间，也是理穗先喜欢上正真的。理穗当时有着大家闺秀的气质，长得也不错，有几个人曾经对她告白，但她都没有接受，因为她心里喜欢的是正真。

两人谈了一场轰轰烈烈的恋爱后结了婚。

“现在完全变了样。”从过去的回忆中回到现实，理穗显得有气无力，不过或许是因为昔日的心情稍稍苏醒，原本苍白的脸色稍微红润了起来。

理穗有印象的是在他们结婚十周年前后，她对丈夫体贴的感情逐渐变淡，经常挑剔丈夫的毛病。股票一事成为导火线，她自此对丈夫失去了所有的信赖，觉得自己是受害者，不再信任丈夫。

同时可以确认的是，理穗原本就有洁癖，对事情黑白分明。如果她认为该往东走，就绝对不能接受往西走。

稍微不符合理穗的理想，就看不顺眼开始找碴的情形，大约是从她十几岁时开始，这似乎是受到她母亲的影响。理穗的母亲总爱说些负面的话，很少看到她露出幸福的表情。

当理穗为了某事而开心时，她的母亲总是在意想不到的地方挑剔，感叹自己从来没这么悲惨过。听到母亲说这些话，理穗原本愉悦的心情顿时烟消云散，原本开心的事竟成了困扰母亲的坏事。

和正真刚开始交往时，他很不可思议地问理穗："为什么你总爱说些负面的话？"而且，正真也很讶异理穗的母亲竟然老是数落亲生女儿的不是。正真甚至说过："你的母亲有点怪。"理穗因为这句话不高兴，但是从正真的角度来看，却认为理穗的母亲不应该把自己的女儿视作麻烦人物来看待。

结婚几年后，理穗才发现自己过去是在不正常的家庭中长大，理穗过去总是看母亲脸色，现在仿佛领悟了什么，和母亲保持距离。母亲对女儿这样的变化很不悦，老是指责正真的不是，理穗不喜欢这样，因此和娘家越来越疏远。

仔细一想，当时理穗是信赖正真的，觉得能够和他结婚实在太幸福了。她也觉得丈夫的一板一眼及小气，能够帮她管理生活，认同的心理要更强烈一些。

为什么同样的个性，前后接受度却产生一百八十度的转变呢？

解药　"非……不可"的思维扼杀了爱情

众所周知，有洁癖的人，容易受到"非……不可"的想法束缚。无法按照自己的标准就觉得有压力的完美主义者很容易抑郁，不仅会有进食障碍或焦虑症，婚姻生活也容易陷入绝境，产生虐待行为的风险也很高。

洁癖症或"非……不可"的完美主义思维，不仅束缚了自己，也很容易以同样标准强求对方，因此他们的伴侣，会觉得处处受拘束。要是违逆了对方，只会让事态恶化，为了避免对方不悦所以处处看对方脸色行事，尽可能忍气吞声地配合对方的标准而努力。

但是，所谓的标准只在当事人心里，而且常因一时兴起而改变，同样一件事，有时行得通，有时却会惹火对方。

所以正真不帮忙洗碗盘时，被妻子骂：“什么事都不做！”等他出手帮忙了，却又被怒骂：“你不要碰！”揣测对方究竟想要什么，百分之百地满足对方，根本是不可能完成的任务。因此便产生动不动就发脾气的状况，这常是形成虐待孩子的典型案例，有时则会发生在伴侣身上。

严厉的母亲管教理穗的方式，是有功无赏、有过必罚。理穗也承袭了和母亲相同的、一天到晚挑剔的毛病。

不过，婚后刚开始的十年间，她对丈夫正真却很少出现这么尖酸刻薄或不满的态度。因为那时候的理穗很信任丈夫，很爱他。

从正真从容不迫、不轻易抱怨，对待事物总是抱持冷静、客观的态度，让理穗发现自己的思考过于负面。而且，由于和母亲拉开了距离，母亲的影响变少，缓和了爱挑剔、尖酸刻薄，以及凡事都要照自己心意去做的完美主义心态。

其中可能还有个原因，就是他们忙碌的夫妻生活，生产、哺育母乳及育儿，让理穗身上的催产素分泌活跃。因为催产素的作用，增加了更多宽容与体贴，成为家庭的润滑剂。

根据近年的研究报告指出，没有哺育母乳的母亲在生产后罹患思觉失调症或躁郁症等精神疾病的风险，是以母乳哺喂孩子的母亲的两倍。据推测是因为哺喂母乳能促进催产素作用，帮助母体消除压力，免于罹患精神疾病。

另外，根据一项为期十五年的母子关系研究调查，没有被母亲哺喂母乳的孩子遭受虐待或漠视的风险，是有被哺育母乳的孩子的4.8倍。

原本和母亲之间依附关系就不稳定的理穗，由于催产素的作用不佳，导致严厉的个性与洁癖，不过，因为和正真感情生活的稳定，所以改善了这些倾向。

理穗的小儿子是在婚后第六年出生，第八年停止哺乳的。从这时开始，原本的洁癖问题日渐强烈，随着夫妻生活的次数递减，更增强了理穗对人不够宽容的倾向，而雪上加霜的是更年期的来临。

表面上看来似乎是丈夫投资失利而失去了妻子的信任，实际上是走向更年期的妻子其激素发生了变化。

女性激素和催产素的相乘效果，产生了母爱及温柔，更年期由于女性激素分泌衰减，失去了母爱及温柔，严厉的个性更显强烈。和自己的想法不同时，就无法对人宽容、烦躁焦虑、暴躁易怒。换句话说，“非……不可”的想法更强烈。

爱是建立在对人的温柔与宽容上，失去了温柔与宽容时，爱情也会跟着死亡。更年期对于爱情的维系，是一项巨大的考验。

面临更年期，妻子时常举旗宣战，宣称不再对丈夫百依百顺，或是放弃照顾丈夫生活起居的案例时有所闻。其中也有部分专家认为过度关心丈夫才是问题所在，而主张应该更严格，不要管老公比较好。

但是，若真的相信并实行这个做法，夫妻感情必定会更加恶化。因为问题并不是爱情过度，而是匮乏不足才引起的，如果再减少彼此的关爱，夫妻关系必定会崩坏。结果，“非……不可”的思维扼杀了他们的爱情，但真正的元凶，其实是催产素的匮乏。

女性哺乳期或育儿时期结束时，催产素作用变得不够活跃，这时候更年期的到来等于是给予了重重一击，维系夫妻关系的激素环境面临严冬期。婚姻生活出现问题，光是怪罪另一半老是施加压力也无济于事。当激素不足，爱也会变淡。

真正要做的，不是怪罪对方的个性或行为，而是要让枯涸的泉水再度涌现，下功夫重拾爱情与关怀。

相互争吵，甚至大打出手的夫妻，每天服用两三包中药，或是一天一锭稳定情绪的药剂，就能改善更年期的焦躁，重回恩爱夫妻的生活。

要点

真正该做的，不是怪罪对方的个性或行为，重拾爱与关怀才能让枯涸的泉水涌现。

7.逃避现实的男人们

故事 想重回单身的丈夫

自从两个月前，丈夫突然提出离婚后，穗波就开始食欲不振，完全判若两人，由她的母亲带来医院咨询。

她说她完全无法理出头绪，矛盾的想法在脑海中不断盘旋。问她是什么样的矛盾想法，她说想再和丈夫好好谈谈，但又觉得再见面只会带来痛苦，所以不想再和丈夫见面。

最大的谜题是丈夫并不是因为多么严重的理由要离婚。如果是丈夫外遇，喜欢其他女人，或是厌倦她，她还能够理解。但是丈夫说就算离了婚，他还是想跟穗波继续交往，他现在仍然喜欢穗波，希望他们能够保持情侣关系。

这让穗波一头雾水，即使逼问丈夫究竟为什么非离婚不可，他也无法爽快给她一个答案。只说目前工作很辛苦，他想专心在工作上，但这种理由难以说服穗波。

穗波追根究底，丈夫回她一句话："我想重回单身生活！"

虽然丈夫的理由如此轻率，却不断催促她快点做决定。穗波不了解丈夫心里真正想的是什么，她知道丈夫不是在开玩笑，但是，究竟自己哪里做错了？若是有错，她愿意改。但丈夫只是说"我们不可能了""你就别再束缚我了"。

丈夫原本就是今朝有酒今朝醉的人，他们交往时，他完全没有存款。穗波则是脚踏实地的类型，才20多岁就已有不少的存款。结婚花费的资金绝大部分都是来自穗波。

买房子的时候也是同样状况。穗波觉得与其每个月缴房租不如买房，丈夫心不甘情不愿地听从意见，由娘家支付部分首付款后买了房。不过，丈夫直到最后都不愿意贷款，他唉声叹气地说："难道你要我做钱的奴隶吗？"

穗波希望能够早点生孩子，但丈夫却兴致缺缺地说："再多过几年轻松的日子吧！"当时穗波才20岁出头，心想这也怪不得他，但直到年龄都逼近30岁了，丈夫仍然没有想要孩子的迹象。

买房子时的确是因为穗波渴望拥有稳固的家庭，结果适得其反。

最初的导火线是丈夫的调职。刚买下房子不久就传来丈夫要调职的消息，让穗波十分困扰，若是没有买这房子，她当然会和丈夫一起搬家，但是好不容易才买下中意的房子，她犹豫是不是要出租。但是若要维持两个家，房租和贷款的压力也让他们吃不消。

两人商量后决定，让丈夫暂时独自到外地工作，夫妻分开生活。幸好，调职地点离公婆家比较近，所以丈夫就住在公婆家，不需要支付房租，刚好省下一笔支出。穗波希望有个孩子的想法，只好暂时搁置下来。

但是，丈夫可能是因此完全享受到重返单身生活的快乐，他回到自己的老家后，简直如鱼得水，自由自在地过着一人生活。一开始他还勤奋地往返两人的家，没过多久后就开始嫌麻烦，以工作忙碌、应酬多等理由不回来。连打电话的次数也减少了，穗波主动联络他，他也常常不接电话，好不容易接了电话，态度也十分冷淡。

为了避免丈夫独自在外工作有所不便，穗波给了他较多生活费。这可能也是导火线之一，仔细一想，丈夫住在老家，几乎不需要特别的支出花费，穗波自己每天省吃俭用的钱给他之后，全被他拿去吃喝玩乐花掉了。

连着两个月都见不到人影的状况出现后，穗波不由得起了狐疑。但是，当她主动去见丈夫时，他又没什么改变，还是一如往常地对待穗波。穗波心想如果他有外遇，他应该不会对自己的肉体感兴趣，但丈夫还是和过去一样地向她求欢。

不过，穗波内心下了一个决定，她再次向丈夫表达想要孩子的意愿。要是这样长久分隔两地，两个人的关系会不会就这么完了？这让穗波很不安。

隔天穗波重提这件事，丈夫一副嫌麻烦的表情，开始说些“现在的薪水根本养不起”“工作还没上轨道”等话语含糊带过。

就这么过了半年，他们维持着这样很久才见一次面的关系，每一次穗波总要重提生孩子这件事，最终，丈夫便提出想要离婚的要求。

而后，也有几次绕着离婚话题打转的沟通，很明显，两人的想法南辕北辙。穗波希望建立一个平凡而稳定的家庭，生儿育女，这对一个结了婚的女性来说，可以说是理所当然的愿望。

但是丈夫的想法，却是希望能够像单身时期一样不受拘束，尽兴玩乐，享受情侣关系而不是夫妻关系。他不讨厌妻子也不憎恨妻子，应该说，他希望偶尔能够与妻子聊聊天，也很乐意有鱼水之欢。但是对于生小孩、被家庭责任或负担束缚有着强烈的抗拒，因此和妻子的关系对他而言也就成了重担。独自到外地工作让他再次享受单身时代的快乐，当妻子又以希望有孩子来逼迫他时，便让丈夫的态度一转，索性想结束婚姻生活。

丈夫今朝有酒今朝醉，活在当下就好的人生观，和妻子未雨绸缪，希望建立稳定生活的人生观，在根本上就截然不同。

从他们刚开始交往、考虑要结婚时，就已经明显存在这样的差异了。

从每月的薪水节省下来存款的妻子，和几乎没什么存款，连结婚资金也要妻子支出的丈夫，不论是对未来的计划性或责任感都大相径庭。

妻子认为只要自己好好管理家庭，对丈夫加以管束，两人的婚姻生活便能够顺遂。实际上婚后一起生活的四年间，妻子确实掌控大局，丈夫也被她操控在手上，可以说一切都依照妻子的安排进行。两人确实存了钱，也买了自己的房子。

然而，也可以说这段时间，丈夫一直在勉强自己吧。因为调职而独自在外工作的机会，让他从忍耐的局促状况中解放，当他重享自由自在的生活时，便不想再回到受妻子管控的生活。

另一方面，妻子在20多岁时，强忍着想要小孩的欲望，以和丈夫的关系及家计为优先，但是当年龄渐长，周围的朋友相继有了孩子后，她开始焦虑，原本什么事都习惯照计划来，如今渐渐感受到时间紧迫的压力。

然而，丈夫却无视妻子这样的心情，还是想和20多岁时一样，快乐地过着二人世界就好。妻子对于过度优哉的丈夫感到愤怒，一再逼迫丈夫后，丈夫说出真心话，表示想要离婚。结果，双方价值观的差异，随着时间的流逝不仅没有缩小，甚至拉大成为决裂的关键。

从寻求稳固家庭生活的女性角度看来，完全无法理解这样的男性。但在现实社会中，这类的男性却不断地增加。

解药 男人的逃避心态伤害了女人

这个案例中的男性表现出的特性，就精神医学来说，被称为“回避型人格障碍”。

回避型人格障碍除了看起来和逃避型依附障碍一样，有极力避免和他人的亲密关系产生情绪联结的倾向，同时也有逃避责任或束缚，或是避免感情受伤等各种逃避的倾向。这样的特性在现代社会中正急剧地扩大。

回避型人格会以下列形态呈现：抵抗结婚或生子；避免可能失败的挑战；对于被拒绝感到恐惧，不敢主动邀约或告白；主动放弃升迁或成功的机会；不想牵涉任何麻烦的事物；一开始就避免竞争；逃避感情纠葛，越想依赖他时，他就越不可靠等。

这种回避型人格，一言以蔽之就是具有逃避麻烦事物的倾向及特征。所谓麻烦的事物，包括会受伤，或是有受伤的可能；增加责任或负担；受到束缚，自由被剥夺等。而结婚生子就成为其中最麻烦的一件事。

交往时，若是两人一直无法往下一步进展，对方属于回避型人格的可能性就很大。这种类型的人蜗居在家，不和异性交往，很容易感觉到是回避型人格。但像这个案例的丈夫，乍看似乎对人际关系的往来乐在其中，但却无法进展到更深入的关系，只停留在表层的亲密度，不想演变成束缚彼此关系的状况也相当常见。

回避型人格中不乏有魅力、善于谈笑风生、受女性欢迎、热衷于性爱关系的人。有些身心都健康，外表潇洒，看似可靠的运动员，其实却是回避型人格。

但是，他们都有一项共通点，那就是对他们而言，他人都像是眼前掠过的风景，不想和任何人维系真正深入的关系。

选择这样的人当伴侣，就像两人在应该共同主演的连续剧里却各演各的剧本，当知道彼此都只不过是对方的舞台背景时才感到惊讶。

因为没发觉而结了婚，或是生了孩子后才被迫面对现实。一转眼从梦中醒来时，等待着他们的是对两人而言都有如噩梦般的日子。拥有一个无法给予自己帮助的伴侣，妻子也很辛苦，因为一时冲动而结婚，当了爸爸的丈夫，心情就像认错家门、误闯别人家一样。

以这个案例来看，夫妻间虽然仍有鱼水之欢，但丈夫却拒绝生小孩，对期望有孩子的妻子来说虽然是悲剧，但是还有比这个情况更悲惨的，是连上床都兴致缺缺的伴侣，而这样的案例也在增加当中。

当然，也有双方都具有回避型人格，对于生孩子或性爱都不怎么感兴趣的夫妻。他们对彼此不仅没有怨言，甚至可以说过着圆满的生活。但是，只要有一方燃起希望彼此能够享受肌肤之亲、拥有下一代的欲望，就容易因为欲望无法满足而痛苦不堪。

有些女性希望拥有孩子，但婚后和丈夫肌肤相亲的次数却屈指可数，就这么度过了女性最美好的年华；也有些女性，甚至不曾享有过鱼水之欢。不论哪一种状况，对于梦想着拥有幸福家庭而走入婚姻的女性来说，都是陷入了生不如死的处境。

为了避免这样的悲剧发生，应该明确告诉对方自己所期望的生活形态，彼此都能接受再结婚，避免以后出现矛盾！

即使有回避型人格倾向，只要具有某种程度的责任感及体贴，就不至于失去作为伴侣的资格。事实上，也有人在拥有另一半之后，在养儿育女的过程中，人格有了正面成长，克服了回避型人格障碍，从此不再逃避自己的人生，也能在处理麻烦事物的过程中得到快乐。

但是，若有毫无计划、凡事都等遇到了再说、欠缺思虑的倾向时，这样的回避型人格表现出的则是没有责任感、凡事计较、任性自私的一面。

欠缺计划性、过一天算一天的生活形态，虽然有可能是来自后天环境影响，但也有可能是父母个性遗传的关系。显现这些特质的人，往往个性冲动、缺乏自制力，付诸行动前没有仔细思考。

许多这种特质的人，对他人的依附情感也比较淡薄，不论再怎么亲近，一旦没见面就音讯全无。他们喜欢追求新的刺激，做事三分钟热度，不会眷恋习惯熟悉的事物。当环境变化而出现新刺激时，对过去交往的对象立刻失去了兴趣。

这个案例中的男性应该也是这种类型。独自到外地工作，离开妻子在新环境中找到乐趣，妻子对他而言就成了过去式。因此当妻子对他说想要孩子时，只会使他更想逃开而已。

要点

各自演出人生脚本的两个人，是否需要多点体贴与责任，对彼此坦白呢？

8.不再注重亲密关系的妻子们

故事 到底是谁变了

因为在家族企业工作的关系，龙雄年纪轻轻就当上了执行董事。他名下有好几辆高级名车，随手就能把几十万的名牌服饰或皮包送给绘美理当礼物。言行举止充满自信，以及莫名冷傲的态度，在绘美理眼中都显得魅力十足。

至于曾和无数女性交往过的龙雄，也觉得绘美理十分特别。他对绘美理充满魅力的身体赞赏有加。而绘美理也为龙雄高超的做爱技巧以及仿佛不知疲惫为何的过人体力感到惊讶。

交往半年左右龙雄向她求婚时，绘美理真心觉得自己就像是被幸运女神挑中的灰姑娘。但是，两人开始共同生活后，她才看清丈夫意想不到的一面。看来总是自信满满的龙雄，其实非常自卑。他从小就被拿来和在学业、运动各方面都极为杰出的哥哥比较。在身为会长的母亲及身为社长的哥哥面前，至今仍然渺小得抬不起头来。

对旁人表现出傲慢的态度，其实是因为自卑心态作祟。但绘美理反而对这样的龙雄感到更亲近而产生爱意，觉得应该做他的后盾。

很快，她就发现自己的想法大错特错。

最初的震惊发生在她怀孕的时候。当得知绘美理怀孕时，龙雄一开始很开心，但是两个月左右后的某一天晚上，丈夫向她求欢，由于她仍在害喜，身体状况不佳，所以绘美理委婉地拒绝了。没想到龙雄对于她的拒绝却露出她从未见过的不悦神情，并且大发脾气，绘美理很惊讶，只好顺从丈夫，但内心却有如被强暴般的不愿意。

看到含泪而满脸哀伤的妻子，龙雄连忙道歉，但她内心仍有疙瘩。之后，儿子平安地诞生了。看着欣喜若狂的丈夫，绘美理觉得两人之间的感情更深厚了。但是，绘美理心里仍有一丝不安，那就是与丈夫的床事。

她不明白为什么和丈夫上床开始感到有压力而不是欢愉。是之前那件事留下的后遗症，还是生产后身体尚未复原?

绘美理经常以照顾小婴儿或身体状况不佳为借口早早上床，夜里尽量避免和丈夫独处。当找不到借口不得不和丈夫做爱时，绘美理非常痛苦。

龙雄或许也察觉到妻子逃避的态度，有时会霸王硬上弓。他在床上的表现和过去不同，粗暴而自私，有时会让绘美理痛到不禁皱起眉头。绘美理身体若是没有什么反应，龙雄便指责她：“你是性冷淡吗？”

有一天，绘美理坚决拒绝时，龙雄便动手揍她，怒骂：“给我好好尽到当老婆的义务！”经过这一次事件，绘美理每到晚上就恐惧不已，丈夫回到家就令她全身紧张。终于，她对这样的生活无法再忍耐，于是带着孩子离家出走，回去投靠娘家。

解药　产后危机带来的夫妻问题

这个案例，是和不懂体贴、虚有其表的自恋型丈夫结婚的人妻悲剧。不过，妻子对性爱的拒绝也是夫妻之所以关系恶化的因素之一。

“产后危机”是指夫妻在产后容易面临的问题，连大众媒体都曾以此作为报道题材。

根据单亲母子家庭的调查（日本厚生劳动省2011年《日本全国单亲母子家庭报告》），单亲母子家庭的形成，有7.5%是因为丈夫过世，而离婚原因则达80.8%。未婚妈妈也有7.8%。值得注意的是：夫妻离婚时孩子的年龄，0岁到2岁占了35.1%，3岁到5岁占了20.9%，未超过6岁的达半数以上，尤其是产后时期的比率相当高。

造成这种状况的背景，推测和激素变化的生理因素有关。

女性在生产、哺乳时，身体一方面会分泌催产素这种促进依附情感的激素，一方面也会大量分泌泌乳素。泌乳素具有抑制排卵的功能，避免在哺乳期间又怀上另一个孩子。因为一旦怀孕，母乳就会停止分泌，在过去没有奶粉的时代，将使孩子陷入可能死亡的危机。此外，泌乳素也会抑制性欲。拥有孩子以前，能在性爱中热烈响应丈夫感受欢愉的妻子，在哺乳期间很容易对性爱失去兴致。

而且，作为产道的阴道和子宫口，在分娩时也受到某种程度的伤害，需要一年左右的时间才能恢复至原本的状态。在伤口尚未完全复原时，妻子对疼痛特别敏感，即使做爱，多半是痛感，而不是快感。

丈夫过早地要求激烈的鱼水之欢时，妻子只能忍耐有如被强暴般的痛苦，对性爱产生了恐惧。因为痛苦，所以恐惧，而恐惧又更加造成对痛苦的敏感，在这种恶性循环下，性爱不再是欢愉，而是一方为了求快感，对另一方施加痛苦的暴力行为。

丈夫若是不了解这样的状况，更加无理强求，妻子不仅会产生厌恶，甚至对于采取这样行为的丈夫开始憎恨，觉得丈夫只是“禽兽”“逞性欲的怪物”，开始出现“害怕夜晚来临”“丈夫一靠近，浑身鸡皮疙瘩就立起来”的状态。

然而，丈夫不了解妻子为什么在生产后就变得冷淡。明明在孩子出生前每天都能够云雨，他对妻子现在讨厌做爱感到不满，表现出不悦、不合作的态度。丈夫如果个性属于以自我为中心，不成熟、自恋强烈的人，不满就容易衍生愤怒，夫妻逐渐失和。

另外，还有个很容易发生的问题就是产后抑郁症。每四个生育过的女性中，就有一人曾有产后抑郁的经验，这其实是很切身的问题。因为原本维持妊娠而起作用的黄体酮减少，令产妇容易觉得沮丧或烦躁。

产妇只能以生产后还未复原的身体，照顾刚出生的小婴儿。每三个小时哺乳一次使得睡眠时间被打乱，再加上慢性睡眠不足，很多刚成为新手妈妈的女性，对于育儿都相当不安。尤其越是追求完美的人，越容易罹患抑郁症。若是已经有一个孩子的母亲，则因为还要分心照顾较大的孩子，负担更重。明明需要母亲或丈夫的协助，但很多妈妈无法得到援助。当无法得到周围支持时，更容易发生产后抑郁症。

生产后，妻子对于性爱变得不积极了，似乎还有其他因素。即使生产后、哺乳期结束，夫妻做爱频率仍然持续下降的案例也在增加当中，甚至生了孩子后就几乎没有性生活的伴侣也不少。晚婚及回避型人格的人增加，可能也是原因之一。

有的夫妻为了再生一个孩子，慌张地跑来挂不孕门诊，也有人为了取得精液，才难得地和丈夫做爱。夫妻间完全没有性生活，妻子把色情杂志交给丈夫，让丈夫独自采取精液的状况也是常有的。

哺乳期结束，孩子超过2岁，性欲虽然已恢复，但这时候，维系爱情的催产素开始下降，也差不多要准备迎接更致命的状况——由于现代人倾向晚婚，生产后到更年期的时间缩短，一旦洁癖变严重，失去了温柔体贴，就很难避免夫妻关系产生裂痕。

而且，抑郁的状况不仅会发生在产后，孩子的问题、职场压力、更年期等，都让女性常有陷入罹患抑郁症的危险。一旦有了抑郁问题，性欲当然也会降低。轻度抑郁时，很多人可能没有察觉而继续带孩子、做家事，难以避免的养儿育女和家事还勉强撑得过去，但若还要满足丈夫的性欲就十分困难了。

此时，如果原本温柔体贴的丈夫，在求欢时自私蛮横，以满足自己的欲望及快感为优先，从妻子的角度来看，只会觉得丈夫不体贴。夫妻关系必然出现问题。

和妻子的性生活无法得到满足的丈夫，很容易因此出现外遇或流连风月场所。希望自己随时都能受到关注、认同的男性，仅在性生活这方面，就会觉得妻子对自己漠不关心。这类型的丈夫，随时需要强烈的支持及赞美，得不到时，就觉得活得很空虚，很容易把目标转向其他女性。

其中，也有人像案例中的龙雄，因为对妻子的执念，而把夫妻关系逼到绝境。

要点

不正视另一半的抑郁问题，只会将彼此的关系逼到绝境。

9.没有回报的努力

故事 贤惠的妻子与四处留情的丈夫

千果是在证券公司上班的女强人，她的能力完全不输给站在第一线的男同事，工作游刃有余且活力十足。她有着与纤细外表不符的大姐气质，身材苗条，工作勤奋，总是散发出积极的能量。

和千果同期进公司的女同事，出乎意料地闪婚，令千果很受刺激。而后不到一个月，千果常去的美容院，一位男设计师悠斗突然谈起某家店料理美味的话题，千果想也没想地说：“好想去吃吃看！”悠斗立即回应：“我可以带你去！”于是千果便和对方一起用餐。悠斗说话风趣，千果对他印象不错，但若是更早之前，应该是绝不会想要交往的对象。

因为一起用餐很愉快，千果不自觉地多喝了两杯，就这么和悠斗去了旅馆，上了床。不，或许该说她内心也有点期待这件事发生。悠斗谈话风趣，她以为自己的人生有了良好的转变。

不过，吃饭和旅馆住宿的账单都是千果支付的，回想起来，这似乎就是和悠斗之间孽缘的开端。

提出“我们结婚吧”的人也是千果。原本对结婚一事看似不太起劲的悠斗，突然兴致勃勃，是在千果提出“我帮你出钱开店”的时候。

千果父母和悠斗见面后，对他轻浮的模样感到不安，他们担心地问：“和他结婚真的没问题吗？”但千果果断表示：“没什么好担心的！”

千果省吃俭用攒下来的存款有3000万日元，她尽可能实现悠斗的愿望，虽然店面不大，却是车站附近的时尚店面。开店费用不断支出，千果的存款很快就见底了，但客人却没怎么增加，连千果的薪水也全花在店里的运营上。她原本已经因为结婚而辞去工作，现在公司愿意再度雇佣她，不过和之前相较，薪水少了很多。但即使如此，她仍是一心一意想守护两人开的店，所以继续努力工作。

他们的努力总算有了成果，店里的客人开始增加，也雇佣了几位设计师，没想到这也带来了新问题——悠斗和年轻的设计师发生外遇，还让对方怀孕了。

原来悠斗不论对员工或客人，都没有分寸地下手，和许多人发生过肉体关系。搞到对方怀孕后，千果才知道这些事。在这之前，虽然也曾发生过几次让千果觉得事有蹊跷的状况，但她总是选择信任丈夫。后来，千果陪着对方去做了堕胎手术，为这件事收拾善后。

然而，这只是事件的开端。悠斗完全没有反省自己，仍是重蹈覆辙。但千果仍然不放弃，只想守着丈夫，为丈夫奉献一切。其中当然也有部分原因是她当初不顾父母反对而和悠斗结婚，所以才这么坚持。她心想要是两人有了孩子，或许就会稳定下来。只是，她生了孩子后，悠斗的外遇反而变本加厉，他不关心孩子，全部都交由千果处理，甚至连不回家的日子也逐渐增加了。

即使千果再怎么坚强，也会抑郁难耐。她夜里睡不着，身心都脆弱不堪，开始觉得两人已经无法再共同生活，等到终于决定离婚时，千果已过了40岁。

解药　蚱蜢无法过蚂蚁的生活

这个案例也是选到一个不适合共组家庭的男性为伴侣而造成的悲剧。女方不愿承认自己的赌注失败，想要借着自己的努力稳定得来不易的家庭，因而持续活在痛苦中。

这就像蚱蜢无法过蚂蚁的生活般，千果一厢情愿的想法最后还是遭到背叛。由于到最后才死心放弃，耗费了相当多时间，导致伤口更深，几乎是难以复原的伤害。

问题并不在于丈夫不爱她，而是她选错了该爱的对象。**人本来就有各自的价值观及生活形态，是好是坏并不是由他人来决定的，活得像自己的方式，本来就因人而异。**要求不同生活方式的人，和自己过同样的生活，当然没有交集，无论怎么为对方牺牲奉献，两人之间的鸿沟只会越来越大，得不到回报而终老一生，这样的案例令人遗憾，却俯拾皆是。

演变成这种状况时，最好的结果就是尽早发现，及早断念。若是做不到，只好接受现状，放弃把期待强行加诸对方身上。

但实际上，要任由另一半想怎么做就怎么做，取得内心平衡，并不是件容易的事。当然，也有嫁了案例中这类型的丈夫，但能巧妙取得平衡，维持稳定关系的案例。

许多动物每到发情期就更换伴侣。这种做法就遗传学来看，是为了留下更多不同基因的子孙，能使自己的基因生存下来的机会大增。就某种意义而言，它们是为了每一次的恋爱而活着。它们对伴侣没有持续的依附情感，对孩子的依附情感也只持续到抚育结束为止，当子女成长到某个程度，它们就不会再供给食物，将子女赶出巢穴。

少数由一雌一雄组成家庭的动物，则是与特定的异性伴侣维持经年累月的关系。

但是，即使物种非常接近，也有以一雌一雄组成家庭，但却非如此生存的同种动物，这种差异是催产素系统的不同而导致的，其中一个为人所知的例子是田鼠。

栖息在美洲的田鼠，分为栖息平原的草原田鼠，以及栖息山岳地带的山地田鼠。虽然它们在分类上属于近似的物种，但这两者在生活形态上却是截然不同。

草原田鼠是一夫一妻制，和子女一起共组大家庭。担任父亲角色的公田鼠负责守护家庭，也协助照顾幼鼠。幼鼠长大不会立刻被赶出家门，而是等到它们独立有了自己的家庭，也成为一家之主后，再为家庭提供协助。

相对的，山地田鼠则是单独居住，只有在发情期才会和母田鼠交配，之后就不再见面，子女的养育也全靠母田鼠，当孩子不需要母乳哺育时，便被立刻赶走，断绝亲子关系。

造成这个差异的，是催产素接收器的脑内分布不同。一夫一妻制的草原田鼠，其称为“伏隔核”的快感中枢中分布了相当多催产素接收器；然而独居的山地田鼠的伏隔核则没什么催产素接收器。因此，山地田鼠对于促进催产素分泌的肌肤相亲或互相理毛的行为，并不觉得舒服，也难以形成长久持续的依恋。

整体来说，人类的生活形态大多是草原田鼠型，但也不是百分之百属于这个类型。类似山地田鼠那样依附情感淡薄，每到发情时就换对象，尽可能和多数伴侣发生关系的人，还是占了一定比例。

这纯粹是生物学上的多样性，所以没有好坏的问题，只是适应环境选择有利繁衍的方式，所以两种生物都存活于世上。作为人类，我们应该要弄清楚自己属于什么类型，追求什么样的人生。不同类型的人所挑选的伴侣就完全不同。明明想要像草原田鼠那样夫妻同心协力，共同抚育孩子，组织幸福家庭，白头偕老，却选择了像山地田鼠那样的另一半，这么一来，再怎么努力，也只会落到凄惨的下场，因为这是个体具备的生物学特性。

依附典型就像第一章说的，分为安全型和不安全型。而两者又可以再细分为“逃避型依附障碍”和“焦虑型依附障碍”两种类型。

也就是说，依附典型可以就安全型和不安全型，以及焦虑型和逃避型，各自加以分类。

安全型依附的人，容易维持持续的依恋感情，执着于同一个伴侣，倾向和同一个人维持长久关系；相反的，不安全型则是难以维持长久的依恋关系，容易变心。

焦虑型依附的人对于是否被爱、会不会被伴侣讨厌或抛弃的不安全感特别强烈；逃避型依附的人，则容易对近距离的亲密关系产生压力，不论情感上或肉体上，都借着和伴侣保持距离来逃避麻烦。

就“安全型、不安全型”以及“逃避型、焦虑型”这两大项来区分，可以分为四大类型，就这四个分类来思考和伴侣之间的关系，是极为有效的办法。

（一）安全—逃避型

这一类型的人，一旦两人在一起，就很重视和伴侣之间的关系，虽然希望长久维持感情，但不喜欢太过黏腻的关系。他们不知道如何产生共鸣，不擅长处理伴侣的情绪。尤其是伴侣遇到困难向他们求助时，他们很容易因此烦躁，逃避的态度让伴侣感到失望，对于可能惹上麻烦的事唯恐避之不及，令伴侣觉得在关键时刻无法依赖他们。不过，**他们没有恶意，只是明哲保身而已，基本上不喜欢欺骗或攻击对方。**

（二）安全—焦虑型

这一类型的人爱上一个人时，即使有所不满，还是会为了爱人奉献，继续爱着对方。他们缺乏自信，认为靠自己无法活下去，所以即使遭到不公的对待，仍然紧抱着对方。多数人即使打算分手，也很难下定决心。即使不断责备伴侣，一天到晚抱怨，却还是无法和伴侣分开。**不管他们说了多少伴侣的坏话、责备多少不是，都不是真心的贬低，也不会轻易背叛另一半。**

（三）不安全—逃避型

这一类型的人对于单一伴侣的执念不会太强烈，而是把异性关系视为单纯的爱情游戏，不管面对异性或同性，对谁都不会敞开心扉信赖对方或和对方产生羁绊。他们对异性的关心，多数都是为了满足征服的欲望，或是满足性欲的快感。在感情上的互动很淡薄，容易与他人仅维系表面关系。

性欲旺盛的人，可能沉迷于男欢女爱或滥交；对性缺乏兴趣的人，则不会拥有亲密的异性关系。**他们对伴侣的态度就像对待外人，鲜少关怀，也抗拒情感上的交流。不过，却又有着嫉妒及猜疑心强烈的一面，把伴侣视为自己的所有物，若是无法顺从自己的心意，可能会采取攻击或暴力行为。**

（四）不安全—焦虑型

这一类型的人凡事总是想为自己盘算，把支持自己的人以自我本位的角度消耗殆尽。只要对方的关心或支持让他们觉得不够，就会出现各种症状或问题行为，让伴侣不得不关注他们。他们容易在与对方短期交往后立刻爱得死去活来，只要感受到对方的爱情，心情就会稳定下来，但是当彼此失去新鲜感，关心度降低后，就觉得自己的存在失去意义，感到空虚，不久又开始寻求能带给他们刺激及关心的人。**容易陷入周期性寻求激烈的爱情再另找新欢的模式中。**

若是只和一个异性绑在一起，对两个人都会造成不幸的结果。他们一生都需要不同的异性支持，所以和同一个异性在一起，失去刺激后，就会感到空虚而陷入抑郁状态，找到新恋人时，就能彻底消除这种状态。

以依附典型来说，案例中的千果属于安全焦虑型，悠斗则属于不安全逃避型。焦虑型和逃避型之间的差距，再加上安全型与不安全型之间的鸿沟，是千果再怎么努力也无法填补的。千果拼命地想维系与丈夫的关系，但悠斗的行动却是尽可能满足与更多异性交往的欲望。

这就像草原田鼠和山地田鼠的差异，无法轻易说改就改，因为这几乎是生物学上的特性。这种组合的配偶，难道就完全没有未来可言吗？这倒也不一定，后续我们就来看看努力跨越这道界限的配偶吧！

要点

不论最终选择的是何种类型的伴侣，都有需要携手跨越的鸿沟。

10.无限轮回的噩梦

故事 明知该远离家暴的丈夫

亚衣是在24岁时认识俊治的，她高中毕业后就在百货公司上班，20岁时和同样负责销售的男同事开始交往，但对方却是有妇之夫。虽然想过不要再和对方见面，但只要对方一找她：“今天可以见面吗？”她便抛开一切，飞奔到指定的地方。这样的生活持续了三年，当他们终于分手时，她的身心都仿佛被撕裂了。

这时候是会计部门的俊治接受了伤心的亚衣。和长久待在销售部门的前男友相比较，俊治很不起眼，虽然不是帅哥，但个性老实认真，令人觉得可靠。

事实上，俊治明知亚衣和前男友的情况，仍然向她求婚。看着热切地诉说未来计划的俊治，亚衣虽然觉得有点距离，但一方面被他的诚意打动，一方面也希望早点稳定下来，让前男友了解，她已经属于别的男人，不会再出现在职场上了，于是便答应了俊治的求婚。

或许是从事会计工作的缘故，俊治对金钱及物品的管理特别谨慎，从旁人的眼光来看或许是个好丈夫吧，但是，亚衣内心仍然对前男友有着迷恋，与当时激烈的爱情相比，她在俊治身上感受不到这种爱情。平常的生活中，亚衣是个尽职的妻子，唯独在与丈夫同床共枕时，总会令她回想起过去的情愫。

不过，有了孩子以后，前男友在她心里的分量逐渐淡去，虽然日复一日的生活有些单调，但日后回想起来，或许是最平静幸福的日子。

三年后亚衣生下老二，这时候夫妻关系因为发现老二有先天障碍的问题而再度掀起波澜。

不用说，亚衣当然为了孩子竭尽全力。丈夫因为工作晚归，她一个人要带孩子又要做家事，负担大为增加。有一次，因为孩子身体出状况，她打了好几次手机给丈夫，却被丈夫怒骂，要亚衣别在工作时吵他。之后，她即使想找丈夫商量也不敢，总是一个人独自烦恼。就是这时候她患了抑郁症。

家事也渐渐疏于打理，原本就很在意小细节的丈夫开始发脾气，对妻子口出恶言，责备亚衣的情况增加了。但即使是在这样的情况下，丈夫仍然向她求欢。要是亚衣不愿意，丈夫就会大发雷霆，所以她只好答应。她开始害怕丈夫的碰触，每到夜晚便更加抑郁。

亚衣在性生活方面的冷淡，更加深了丈夫的不满，某天晚上甚至翻出她和前男友的旧账。

这件事发生后，丈夫的怒气仿佛决堤般，动不动就对亚衣破口大骂，诱发亚衣出现过度换气综合征。为亚衣治疗的医生告诉她，俊治的行为已经构成家暴，而且为她介绍了咨询人员。

咨询师建议她最好尽早和丈夫分开，同时也介绍了律师给她。律师从她丈夫对亚衣强烈的执念，判断俊治不会爽快答应离婚，甚至可能采取更直接的攻击行为，为了避免危险发生，劝她偷偷离开。亚衣为了逃离丈夫而拟定了缜密的计划。

亚衣留下一张纸条给俊治，告诉他“不要找我”，就带着两个孩子消失无踪。她到一个遥远的城镇开始新生活，在为她准备的庇护所过了一些时日后，才搬到公营的集合住宅。律师代替她交涉离婚事宜，花了将近三年时间终于成功离婚。

这期间，亚衣从事夜间的工作谋生，对于未来抱着强烈不安，这时候，她认识了一位常客伦宣。

伦宣比亚衣大15岁，是一家小公司的社长，几年前和妻子离婚，现在一个人独居。他对两个孩子疼爱有加，让内心胆怯不安的亚衣觉得他非常可靠。当伦宣自信满满地向她求婚："我一定会让你幸福，孩子放心交给我。"亚衣二话不说就答应了。

然而，幸福的时光只有刚开始的时候。伦宣比她前夫更霸道蛮横。一不高兴就会开口怒骂。亚衣战战兢兢地不想他生气，小心翼翼地看他脸色，过着每天拼命讨好丈夫的日子。但是，因为往后的生活，孩子的学费、医疗费用等都需要仰赖丈夫，所以她只能忍气吞声。

后来，亚衣才听说伦宣的前妻和他离婚的原因是因为长年的家暴，他的前妻甚至被他打到不成人形。而且，伦宣的公司由于他的独裁经营，干部辞职、客户也跑掉了，经营可能陷入危机。

亚衣时常想，自己原本是想从家暴前夫的身边逃开，现在却被更糟糕的男人控制住。一想到自己这么悲惨，来到这个人生地不熟的地方，就觉得无限唏嘘。

解药 为什么总是选择同一类型的男人

这种如噩梦般的状况，让我想起一件事：如果在沙漠中没有带着罗盘，走了半天将会回到原点。这是因为人类左右脚的长度有着微妙的差异，即使认为自己走的是直线，但其实都会略微偏左或偏右，走过的路线仿佛在沙漠中画了一个巨大的圆。当事人不免认为自身的命运仿佛受到诅咒，但其实是因为自身的偏离而造成的。

生活中有如噩梦般不断重复的现实，多数并非命运的作弄，而是当事人自身出现偏差的结果，若是没有自觉到这个问题，不论换了多少交往对象，仍然会重蹈覆辙。

那么，向家暴丈夫靠近的女性，拥有的是什么样的特质呢？那就是“依赖型人格障碍”。依赖型人格障碍的人因为认为自己靠不住，所以会依赖觉得可以信赖的人。

这时候，若没有充分的时间去认识对方，就会找到最不值得信任的对象，成为对方的禁脔。看似可靠而自信十足的对象，实际上常是自恋型人格障碍等自私自利的典型。这一类型的人寻找的是能够让他们予取予求的猎物，被他们捕获到的猎物，就如同奴隶，当然要对自己百依百顺。要是稍微反抗，他们就会像被饲养的狗咬到手一般激动，采取令人难以置信的暴力行为。

不擅拒绝的依赖型人格障碍者，因为怕对方讨厌，所以总是看对方脸色行事，不知不觉中任何事都委屈配合，当对方越蛮横时越不敢反抗，于是惨遭压迫，成了家暴的受害者。

回顾亚衣所交往过的男性，她对有妇之夫的男同事言听计从，轻易和对方发生肉体关系。这是依赖型人格障碍者容易掉入的陷阱，她若是能不看对方脸色，而是深入了解交往对象的本性，就会发现对方只是玩弄她而已，对她的感情没有丝毫的诚意。

好不容易和有妇之夫分手，又再次对其他男人百依百顺，虽然并不喜欢对方，还是让对方占有自己的身体，被求婚时也没有拒绝，爽快地就答应了。

当孩子有发展障碍，超过负担界限时，因为怕前夫摆脸色，所以无法有效求助而陷入抑郁状态，产生恶性循环。

前夫的言语暴力和强求性爱，除了不了解妻子的状况，也有对妻子之前和其他男性交往的嫉妒。他缺乏对他人的同理心，从坚持自己的预定安排或规则这项特质来看，可能有轻度的泛自闭症，一旦状况不如预期，就容易因为愤怒而产生攻击行为。

妻子向他求助，超出他的预料导致他的混乱，他无法感受妻子求助的心情，反而诱使他愤怒。这种类型的人，关心的不是妻子是否需要帮忙，而是在意工作时不能处理私人电话，或是认为妻子应该妥善处理家务等规则被破坏而产生愤怒的反应。

照理说，妻子陷入忧郁症，丈夫应该能够理解、给予协助，甚至也可以去找家事服务员来帮忙。而妻子的咨询师，应该让她了解丈夫的个性，提供如何降低两人之间落差的建议，而不是给丈夫冠上“家暴男”的帽子后，把他当“加害者”来处理，应该让他重新找回同心协力的合作角色，先务力修复两人的关系。咨询师为了保护当事人，要妻子直接从“加害者”身旁离开，反而失去了真正解决问题的机会。

结果，从“加害者”丈夫身边逃开后，亚衣因为没有意识到自己也有必须改善的问题，因此再度发生同样的问题，投向一个比前夫问题更严重的男人怀抱，陷入更加悲惨的境地。

要点

如果无法意识到自己的问题，只会重蹈覆辙，让悲剧不断上演。

11.决心复仇的人妻

故事　妻子执着于存款的理由

耀平和结奈是在就读牙医系时认识的，结奈是以学妹的身份加入耀平所在的社团，更准确地说，是耀平邀请她加入社团的。结奈长相清秀端正，耀平对她一见钟情。

另一方面，结奈对学长耀平也很有好感，尤其是知道他和自己的家庭背景都不太完美后，对他更有兴趣。

耀平在没有父亲的家庭中长大，由于学习成绩优异，便靠着奖学金和亲戚的援助就读牙医系。而且，他也不像同龄学生那样浅薄轻浮，他对未来有着明确的目标，打算将来自己办诊所，在经济方面独立自主。

至于结奈，父母虽然健在，但是感情不佳，常令她觉得在家无容身之处。她讨厌经济完全仰赖父亲，却成天说父亲坏话的母亲。之所以选择读牙医，也是因为不想像母亲一样依赖丈夫，只要有一技在身，就能拥有自己的人生。虽然学费昂贵但结奈不想靠父母提供，她想办法自己赚钱，最后选择在能够获得高薪的酒店或高级酒吧工作。

他们两人感受到彼此的共通点，不久便成为互诉未来的伙伴，在相互鼓励下，两人都在学业上突飞猛进。唯一的失误，是结奈在最后一个学期时怀孕了。这时耀平仍是实习医生，收入还很有限，结奈也必须通过毕业考和国家考试的最后难关，不过，他们还是选择把孩子生下来。

两人很快登记成为夫妻，纵然带着怀有身孕的不利条件，结奈仍然以优异的成绩通过了两项考试。

想同时兼顾工作与家庭的结奈虽然很努力，但是因为和娘家感情不睦，所以也无法把孩子托给母亲照管，逐渐感到手足无措。

最后，她决定暂时先专心带孩子。

随着第二个孩子的出生，以及离开工作太久技术生疏，最后结奈失去重返牙医岗位的机会。

再加上丈夫开诊所借了大笔债务，而刚开业时上门的患者也不如想象中多，经营得相当辛苦，两人为了生活开销经常吵架。早知如此，当初继续工作就好了。结奈很后悔当初辞职的决定。

但幸好患者逐渐增加，财务方面也渐趋稳定。因为牙医的自费诊疗部分多，所以比一般内科医院更容易赚钱。随着知名度的打开，收入直线上升，银行存款的数字逐渐增加，过去为偿还借款而捉襟见肘的日子终于过去了。

但是，结奈内心并未因此而满足，丈夫确实贯彻初衷，开了诊所，也让他的母亲可以轻松度日。然而，身为妻子的自己，原本在校成绩比丈夫优异，或许能够成为比丈夫更加优秀的牙医，但现在却放弃了职业生涯，成为平凡的家庭主妇。苦读得来的牙医执照，变成了装饰品，她一点都不想走上和母亲相同的道路，结果事与愿违，还是和母亲一样，过着向男人伸手拿钱的日子。

她并不后悔拼命养育两人的孩子，但是，当丈夫把工作的事说得像是比什么都重要，或是以工作为由把家里的事顺位往后挪时，她就会莫名烦躁，不禁在内心呐喊：“只有你享尽了好处。”“你以为是谁让你有今天的成就？”“少在那里臭美了，你应该要感谢我才对吧？”

可能也是对先前忍耐着贫穷度日的报复，结奈的生活越来越奢华，她开始购买名牌服饰、化妆品、皮包、皮鞋，到海外旅行，花钱让她比什么都快乐。就像是对丈夫的报复般，结奈把丈夫所赚的钱，背着丈夫花掉，消除心头的闷气。

但是，不论她买什么丈夫都不会注意到，这点更让她厌恶，令她觉得丈夫根本不在意她。即使她热衷于丈夫毫无所觉的购物行为，但内心却从未满足。

丈夫一心投入牙科医院的经营，他似乎认为妻子只要能够想买什么就买什么，应该就会满足了。他完全不知道妻子觉得自己失去了生存价值，内心感到无限空虚。

对于完全埋首于工作的丈夫，结奈很失望，产生了离婚的念头。但是，要是离婚了，就不可能过着像现在这样奢侈的生活。

最后她决定，为将来有朝一日的离婚做准备，偷偷把钱存下来。她把丈夫赚的钱拨一部分存到自己的户头，虽然是没有爱情的生活，但银行的存款金额越来越高，这种对只顾着工作的丈夫的报复，让结奈内心平衡了许多。

丈夫完全没注意到她的计划，还以为拥有幸福的家庭。妻子对这样的丈夫在内心抱着轻蔑的态度，表面上继续扮演着贤妻良母的角色。

现在结奈的口头禅是“男人的头脑真是简单”“只要对他笑一笑，他就把钱都交出来了”。

如此没有爱的婚姻，在画下休止符以前，这对夫妻能够好好面对他们的问题吗？或是以丈夫将结奈用演技伪装出来的假象视为真幸福，而结奈始终沉浸于自己是被害者的角色收场呢?

解药 报复也无法重拾人生

当人受到伤害，就会想要报复。因为自己受伤，所以也想要伤害对方，希望对方能尝到自己遭受过的痛苦，受伤的心才能稍微感到痛快。

然而，就算真能得到预期效果，也是短暂的快意，反而更容易因此留下长期的心灵伤痕，让自己更痛苦。

其中一个原因，是伤害对方后，对方也采取报复行动时，很容易使自己再度受到伤害；另一个原因，则是认为责任都在对方身上，没有面对自己最重要的问题。

之所以会想要报复，通常都是认为对方先伤害了自己，但其实很多情况是自己伤害了对方却不自觉。事物的发展往往具有连锁效应，虽然认为问题都在对方身上，但实际上多半不是单方面的问题，而是某一方使得事态恶化。

就这层意义来说，复仇或报复的想法，都是认为对方有错，站在惩罚对方的角度，因此没有对自己的反省，一厢情愿地认为是对方有不当的行为。

由于这样的一厢情愿，所以攻击对方、排挤对方，但自己的问题完全没有认识到，所以，**想要借由报复重拾人生，根本是大错特错**。

案例中的结奈也是一样，她认为所有问题都是丈夫的错，不肯面对自己的问题，所以她觉得只要离婚就可以解决问题。

精神分析学家梅兰妮·克莱恩把这种将问题归咎于对方的心

理状态，称为“偏执分裂心理位置”。即使在婴儿身上也可以见到这种最不成熟的心理状态。在这种状态下会把所有的恶都转嫁为外在因素，借由愤怒与攻击，惩罚恶的外在客体。但是，这么做也无法解决任何问题。

稍微成长后，接受的状态便会有所改变，克莱恩把它称为“忧郁心理位置”。换句话说，这时候会开始接受自身的错，进入责备自己的状态。就像一两岁大的幼儿被骂时，若感受到自己有错，会觉得沮丧，有时也会惩罚自己。随着状态的改变，不再只是从自己的角度观看事物，也能从对方的立场去观察，培养出整体性有共鸣的视点。

当成长得更成熟时，就能培养出俯瞰事物的客观视角，这时就能跨越自己与他人的对立，达到“统合心理位置”。而要达到这个位置的第一步，就是回顾自省。

能够回顾自省时，就不会只注意自己受的伤，也会发现自己对他人的伤害；不会只看到别人对自己做了哪些坏事，也能发现他人对自己的好。借着扩大观看事物的角度，不会只采取从单一角度去看事情的极端态度，而能够采用平衡、实际、有建设性的接纳方式及行为。

结奈也是这样，她只是把所有过错都推到丈夫身上，要是有心重回职场，并非没有办法，或许会因为过渡期而很辛苦，但只要努力，一定能胜任。带孩子告一段落仍然没去工作，应该是结奈自己也没那么渴盼回到职场。

或许这和结奈是完美主义者也有关，如果要工作，就要成为牙科医生中的顶尖人物，她讨厌不上不下。如果养儿育女或牙医工作两者都只能当个半吊子的话，那只好专注在其中一项上。

然而，**现实生活中不可能有十全十美的事，都是只能尽量妥协，在某个程度上折中**。对结奈而言，折中很困难，因此她放弃当职业妇女，选择养儿育女及照顾家庭。这其实是很伟大的选择，无论如何都是她自己做的决定。

其实，结奈应该要做的不是怨恨丈夫，或一心离开丈夫，**而是面对自己，即使不够完美，也要发挥自己的能力，找到让自己活出价值的生存方式才对。**

要点

找到让自己活出价值的生存方式，才是最重要的人生课题。

第 2 章　重拾爱与人生的妻子们

爱并不是要控制对方、要对方完全照自己的意思行动，而是应该接纳对方原本的模样，尊重他们的人格。

12.爱不是支配

故事 女强人的陷阱

万智是某行业的超级女业务员。她从年轻时就以爬上高点为目标，她了解超越自我的乐趣，在业绩上不断刷新自己的纪录。这绝对不是幸运或偶然，而是万智明确的目标，她很清楚自己想要成为什么样的人，比别人更努力，因而可以得到她要的成果。

万智的工作是以数字来评判业绩，只要做出成绩，就能得到主管的肯定，地位和报酬都会上升。万智凭借自己的能力，成为超级业务员，获得无数的表扬，经常被掌声与赞美声包围。

然而，万智没想到她也有无法心想事成的时候，那就是她的婚姻生活。让万智感到沉重压力的，第一个就是她与丈夫的性生活。她自认很爱丈夫，却无法喜欢丈夫爱抚她的身体时，希望她能产生强烈感觉。丈夫只要快达到高潮，就会忘我投入，但万智却怎样都无法达到这个境界，就如同浮在半空中般感到不安，不由得产生抗拒。

但是她知道丈夫希望自己也能达到欲仙欲死的境界，所以更使她觉得困扰。每当丈夫问她："舒服吗？"万智不得不撒谎。万智在床上假装达到高潮，因为这么做丈夫就会快点结束，要是万智没有假装的话，他大概会不断抚弄她的身体，所以万智学会运用演技来敷衍丈夫。

然而，不想和丈夫上床才是她的真心话，这个倾向随着她生下孩子，在工作上的地位及责任加重后而愈加强烈。除了工作上的疲惫感，她也经常找理由来减少和丈夫上床的次数。不过，肉食系的丈夫，只要一星期没和她做爱就会不高兴，不帮忙做家事或照顾孩子，关门时故意发出极大声响，早上连一句“我出门了”都没说就径自走了。

说起来其实也很单纯，就像女性生理期时会烦躁一样，只不过丈夫的周期比较短，虽然她会在丈夫爆发前妥协，和他上床，但对她而言，就像处理客诉一样烦人。

喝了酒以后，万智的心理抗拒会稍微缓和些，所以做爱前先喝两三杯红酒成了必要的仪式。她的丈夫也了解这一点，所以和妻子云雨前，总是力劝万智喝两杯。万智若是拒绝，丈夫就会不悦地闷不作声独自饮酒。

丈夫原本也是她的客户，他还介绍了好几个客户给她，当时他位居大企业的管理职位，对于万智来说占有很重要的分量。但是婚后短短五年时间，万智不论在收入或地位上，都超越了丈夫。在家庭方面，虽然一开始她尊重丈夫的意见，尽可能地配合，但曾几何时，一切都转变成由万智决定，丈夫对她言听计从。因为他知道只要违背妻子，万智就会报复，令他满足的三餐和性生活受影响。

万智君临天下般不假辞色地对待丈夫。丈夫就像被远距离操纵的机器人般。但万智反而对叫丈夫往东，他就不敢往西的行径火冒三丈，常因此大动肝火。

最后和丈夫的关系破裂，是因为借款问题。丈夫在金钱方面有些散漫。而万智认为丈夫把妻子的收入当作自己的花费，就是浪费。

虽然丈夫煞有介事地辩解，但什么理由并不重要，当万智发现丈夫擅自动用她的钱时，她便认为两个人无法在一起生活了。失控对万智来说是不可忍受的。

万智表示要分居，带了孩子离家出走。丈夫虽然反对，但结果还是无法违反万智的想法。

和丈夫分居后，万智才发现原来过去竟然忍耐了那么多的不自由与痛苦，令她难以置信。现在她可以把工作处理得尽善尽美，也能充分尽到身为母亲该有的责任，一切都按照万智的想法妥善管理，她认为只要努力就能得到相对的成果。

没想到后来竟然发生出乎她意料的状况。在和丈夫分居后的第二年暑假，就读初中的女儿晚上开始在外游荡，有时甚至玩到早上才回家。万智严厉斥责女儿时，女儿对她说：“什么事都要照妈妈的想法去做？既然这样，你一个人住吧！”说完就夺门而出。

打了女儿手机她也不接，万智几乎快抓狂。她以为一切都在掌控中，在知道原来那只是自己的一厢情愿时，仿佛一切都崩坏了。虽然心情沉重，她还是联络了丈夫说明事情原委，流着泪说自己没有能力再照顾这个孩子。万智也无法控制女儿了。

丈夫出面联络女儿后，女儿回电话了，她说要待在父亲那里一个晚上。隔天女儿虽然回家了，但万智顾不上生气，她不得不重新自省，究竟是在什么地方出了差错。因为想探究其中原因而接受了咨询。

咨询师告诉万智，她凡事都想按照自己的意思做，对于无法顺从她的对象，就会愤怒地攻击或排斥，这就和女儿告诉她的一模一样。

咨询师告诉她，爱不是控制，而是接受它原本的模样。最初她完全不懂。和万智的沟通，就像她经营事业一样，任何事都要巨细靡遗地指示。咨询师要她聆听对方说什么，和对方产生共鸣，同时，不要给予任何命令或指示。

但这一点万智怎么都做不到，长年累月养成的习惯，让她忍不住想打断对方，做出结论，向来以自我为中心的办事风格，让她很挣扎。

为了处理女儿的问题，丈夫也加入咨询，所以他们经常有见面的机会，虽然不是万智的本意，不过，经过几次会面咨询后，她意识到自己的一意孤行。她之所以不想和丈夫一起接受咨询，就是因为想依自己的想法进行。她认为要是丈夫在场，就会妨碍她。然而，处理家庭问题，真正需要的并不是谁取得主导权或谁来掌控，而是夫妻间要心意相通、协力合作。

她和丈夫比过去更能坦白沟通，也发现过去自己所做的沟通，只是想要对方认同自己的主张。但那其实是错的，还是需要接纳对方心里的想法。这么做后，万智发现她的内心非常轻松愉快。

女儿似乎很高兴他们夫妻在一起，一开始万智虽然很生气，但现在也能坦率地接纳这件事。有一天，她问丈夫："我可以搬回去吗？"丈夫笑眯眯地说："当然好啊！"之后他们恢复了三人的生活，而为他们牵起红线的媒人，或许便是他们的女儿。

解药　不要试图支配一切

越是能干、领导型的人，越是有任何事都想一把抓、试图控制一切的倾向。万智也一样，如果事情没有按照自己的想法进行就觉得不放心。不仅是对丈夫，即使对孩子也无法停止这样的行为，一觉得无法控制，就掉头而去，把对方排除在自己的生活圈外。

即使不至于像万智这么严重，但有这样倾向的人也在逐渐增加。越是努力不懈、干练负责任的人，越是会朝着目标全力以赴，希望做到完美的状态。他们试图管理一切，想将一切控制在最理想的状态。

在工作上以这样的态度发挥能力，或许可以成功，但是夫妻或亲子之间的亲密关系，若是以同样的态度去要求，对方无法完全做自己，就会喘不过气来而痛苦不已。也有很多人会要求家人扮演“乖孩子”或“好丈夫”的角色，但是要求过度时，反而会失去控制，使对方成为“逆子”或“恶夫”。

这种情况也经常会导致孩子走偏而变成不良少年，或迫使丈夫走向“歪路”。这是强迫对方无法做自己的结果，导致他们只能以扭曲的方式来消除压力。

爱并不是要控制对方、要对方完全照自己的意思行动，而是应该接受原原本本的对方，尊重他们的人格。支配或控制对方时，支配的人是主体；而真心爱对方时，被爱的对象才是主体。爱并不是为自己打算，而是为对方设想。

然而，只为了自己而爱对方的人，不会明白其中的差异，对这种类型的人而言，爱只是为了自己的方便而控制对方而已。

“非……不可”的思考模式和完美主义性格强烈的人，总是不自觉地把自己的标准套在他人身上，使对方感到局促，觉得心灵的自由被剥夺。这并不是爱，而是不成熟的自恋。当试图捆绑对方时，爱就已经溜走了。

想要控制一切的人，自己也无法轻松地解脱，而是重重地自我束缚。喜悦或快乐，都在不知不觉中被自己囚禁到深处，这是很可悲的生活方式。

停止控制对方，接纳原原本本的对方，也接纳真实的自己。这也是在解放自己，让原本的自己自由绽放的方式。

案例中的万智，在工作上虽然很能干，在爱情生活上却始终封闭无法敞开心扉。由于孩子的问题，才重新去面对自己与他人之间的关系。随着学会如何接纳自己也接纳他人，才真正感受到爱情生活的快乐，领会生活中的欢愉。

万智在工作领域中，是通过优异成绩获得快乐，而非通过情感交流获得满足，这也是逃避型依附的人身上常可见到的特质。这样的特质虽然能在工作上获得成功，但是在需要亲密关系的婚姻生活中，却经常因此陷入绝境。

逃避型依附的女性在性生活中感觉不顺利、放不开，通常都是因为自己踩了刹车而无法有高潮。

停止控制一切，接纳真实的自我。如果能够放心地把自己交给对方，就能消除抗拒感，感受到自然的欢愉。

要点

接纳对方原本的模样，也是接纳真实的自己。
这是解放自己，让原本的自己自由绽放的方式。

13.让迟钝的丈夫学会体贴

故事 为冷暴力丈夫而困扰的妻子

幸久是自营公司的老板，过着事业成功、经济无虞的生活。但是他的妻子益美，却每天胆战心惊，过着如履薄冰的日子。如果益美以幸久的事为优先，他的心情就很好，即使是为了孩子而把幸久的事暂搁一边，他也会瞬间不高兴。当益美身体不舒服，无法如预期做好家事，或是无法答应他的求欢时，幸久不仅不知道体贴，还会视她为一件无法使用的工具般，咂舌地表示不悦，或是摆出一副恶劣的态度。

原来丈夫这样的行为叫“冷暴力”，咨询师对益美说，她太放纵幸久，任他予取予求。所以益美试着对幸久说，希望他能稍微改变一下态度。但这根本是火上浇油，幸久的攻击态度更加强烈，甚至把妻子过去的男性交友关系都翻出来，益美以为丈夫会责备她，但他却连着好几天不跟她说话，两人之间的关系很僵。

最近他只要一开口，就会责备益美，说“我不想和你呼吸同样的空气”“我想早点跟你离婚”“我被你骗了”“把我的人生还给我”等。接着又像个孩子般大哭，破坏家里的物品，或是作势要从阳台跳下去。这样的状况每天重复上演，使益美精疲力竭，想和他离婚，但一想到经济问题及孩子又下不了决心。

幸久在成长过程中，一直受到母亲的忽视。打从他们交往开始，益美就觉得幸久是在自己身上寻求一个“理想母亲”的角色。当他们还是情侣或孩子出生以前，她可以只考虑幸久，两人相处得比较和谐。她可以什么都听他的，对幸久百依百顺。而幸久也常对益美说："你是最棒的女人！"

可是，有了孩子以后，就不可能维持原样，幸久的要求过高，造成益美很大的负担。她希望幸久更能接纳真实的自己，过去有些事即使有些勉强她也会答应，现在因为不方便或身体关系，她做不到的情况变多了，她希望丈夫能够多体谅这点。然而，两人的关系越来越差，过去不曾从幸久口中听到的攻击性言语也越来越多。

丈夫以前是很体贴的，益美隐约地感受到有些事和以前不一样了，但她却无法确定究竟发生了什么事。她只能悲叹：丈夫变了，对她施加冷暴力，精神变得不稳定等。

解药　试着当丈夫的爱人吧

这个案例的状况，经常发生在有自恋障碍的伴侣之间。曾经因为自恋情结而受伤的人，期待所受的伤能够复原，因此只顾一味满足自己的自恋情结。他们寻找的伴侣，是只对自己另眼相看、特别重视自己的人。

从幸久的角度来看，他认为益美是"最棒的女人"，和她结婚，是因为益美把他摆在优先的位置，能够答应他任何事。抱着自恋伤痕的幸久，需要这样的支持才能有动力，只有一直把他放在最优先的位置，才能弥补内心的缺憾，疗愈他的创伤。

然而，有了孩子以后，益美无法凡事都以幸久为优先，就益美的角度来看，这是无可奈何的事，然而幸久却抱持不同的看法，他觉得有了孩子以后，益美的态度就变了，自己被漠视了。而且怀疑益美在生孩子以前所表现的态度都是假装的。

但实际上，多数的女性在生孩子后，就会启动母性的开关，凡事以孩子为优先。这是自然的道理，但对有自恋障碍的人，即希望对方只能关爱自己的人来看，就觉得形同背叛、欺诈。

以往犹如“理想母亲”的温柔妻子，现在却成了和冷淡无情的母亲一模一样的人，令他心生憎恨。原本希望可以从妻子身上得到无法自母亲那里获得的关爱，现在也全部消失了，简直是一场噩梦。

但是对妻子来说，有了孩子，状况就改变了。她想对丈夫说，总不能永远都这样撒娇。但这并不是说变就变的，即使到了四五十岁，一般而言，人的本质都是不会变的。年幼时没有被满足、有所缺憾的部分，是无法轻易弥补的。

而且，这种类型的人，由于童年时受到的伤害，可能对人类抱着根本的憎恨。当他觉得“理想女性”成了“欺骗我的欺诈犯”，压抑的憎恨再次苏醒，会加倍憎恨对方，觉得受到背叛。“你们都是一丘之貉”的愤怒和对母亲的憎恨交织在一起，形成执拗的攻击，因而产生冷暴力或家暴。

当恋爱的蜜月期结束，这种典型的丈夫和妻子之间，就容易发生这样的状况。丈夫觉得妻子理想女性的形象幻灭了，因而愤怒地谴责妻子，而妻子对于丈夫不懂体贴也感到失望，责备丈夫而使双方关系更加恶化。

益美和幸久也是如此，丈夫有着自恋伤痕，希望妻子随时都能给予关怀的欲望更胜于别人，这样的欲望并不会因为当了父亲或者是年岁增长就会消退。反而由于外在的工作压力或精神负担，更加希望对方凡事以自己为优先，寻求有力的支持。不论过去或现在，这类人一旦取得相当的地位及经济能力，便以情妇来取代妻子满足自己为第一优先的期待。

这个案例虽然也有可能发生这样的状况，但是幸久有着强烈的责任感，他重视家庭、不愿轻易破坏，因此没有在外拥有情妇。然而，妻子已经不再像过去一样，凡事都以自己为优先，令他无法满足这样的渴望。

与平时在外表现出的成熟稳重态度迥然不同，幸久在家中的情绪十分不稳定，有时对妻子破口大骂、采取攻击态度，有时又失控破坏物品、大哭大闹、威胁着要从阳台跳下去，简直就像小孩在闹别扭。

妻子益美不知该如何处理这种状况，最后来到我这里咨询。

益美对幸久这样的行为手足无措，她担心再这么下去，两人无法再继续生活，甚至考虑离婚或许是比较好的方法。丈夫经济条件好，若是能够得到部分财产作为子女教养费用，生活应该就没问题了。只不过，一考虑到孩子，便令她犹豫不决，更何况她并非讨厌丈夫。两个人共度了十年时光，如果中途才抛下丈夫，他也很可怜。同时，她也不知道万一真的离婚了，丈夫会不会因此自暴自弃，更无法预料丈夫会做出什么举动来。

益美希望寻找出一个能切实解决这个状况的方法。

我整理了一下他们两人之间的来龙去脉，向她说明因为她丈夫是个对爱情有强烈饥渴的人，他想要的是永远保持谈恋爱的状态，任何事都要以自己为优先。彻底满足他这样的欲望，就是恢复平静生活的快捷方式。

“我究竟该怎么做才好呢？”益美这么问。我建议她：“以做丈夫情妇的心情来对待他。”

她照着我给的建议去做以后，丈夫幸久的精神状态渐趋稳定，一个月后，那些脱轨失序的行为完全消失无踪。

现在的益美，看到丈夫似乎不悦时，就把它视为警讯，即使是大白天也在他面前宽衣解带，而幸久仿佛就在等她这个动作，迫不及待地抱住她，当场共赴云雨。益美也在服装和内衣穿搭方面用尽心思，刻意选择能挑逗他的装扮，这使得幸久飘飘欲仙，几乎每天都向她求欢。

虽然必须处理家务，又得满足丈夫相当疲累，但据说夫妻俩现在感情如胶似漆。

对幸久而言，和妻子做爱是证明自己被爱、体现自己生存价值的一种方式。**许多人都知道，性爱是让怀有不稳定自恋的女性获得安全感的有效方法。其实男性也适用。**

如果是和不特定多数人有性行为，伤害和风险当然会变大，但是沉迷于和配偶间的性爱，不是什么大问题，应该也算不上是性爱成瘾。

事实上，因为益美积极响应丈夫的求欢，虽然有一段时间频率相当高，但是过了三个多月后，频率开始降低，性生活呈现稳定的状态。随时都能和妻子享受鱼水之欢，淡化了幸久内心的匮乏焦虑，让他的欲求不至于过度。

有些男性被抛弃的焦虑感太强烈，以致容易性爱成瘾，必须借着不断征服其他女性才能满足，但是幸久不同，只要妻子愿意响应他，情绪就容易稳定。

这个案例虽然是反映男性对爱情的饥渴，但现实中当然也有女性抱着同样倾向的状况。这时候，关怀、注意、性爱或肌肤相亲，都是保护自己非常重要的方式。

很多人在结婚数年后，对性爱的兴趣便降低了，有些情况是妻子性欲未被满足，但是丈夫却早就满足了欲望。而有些情况是丈夫已经腻了，所以性生活频率降低，而且越来越忙碌的工作也使这种情况更加严重。

新婚时每晚都能共度春宵，身心都能得到满足，心情不至于焦虑，但是经过几年后，丈夫升迁、责任加重，精力都被工作夺走了，再加上很多时候因为加班，连睡眠时间都不够，因此很难保有几乎每晚和妻子做爱的精力或时间。

一方面，妻子若是家庭主妇，多数仍有充分的体力，等待丈夫晚上回家，一起用餐、小酌几杯的耳鬓厮磨是不为人知的期盼。然而，丈夫每一天都精疲力竭地回到家，边吃晚饭边打瞌睡，连难得的周末假日都边看电视边睡觉。

妻子空虚地睡在一旁，因而感到不满。对属于不安全依附，需要源源不绝的爱情的人而言，性爱及拥抱就如水及养分一般，是生存不可或缺的，少了性爱就像不吃不喝般痛苦。

有位30多岁的女性，因为抑郁及焦虑等情绪不稳定问题而痛苦，后来发现就是前述的问题。但是其丈夫因为调职而增加了近一小时的上班时间，同时工作责任变重，所以并没有发现妻子欲求不满。向丈夫说明了他的妻子属于特别需要肌肤之亲的典型，建议他即使无法做爱，也可以给予对方拥抱、爱抚等肢体接触。他的妻子情绪立即恢复稳定。后来，丈夫转换工作，以家庭为优先，原本需要服用镇静剂的妻子，即使不用服药，情绪也开始稳定下来。在现在无性生活的伴侣或不需要性爱的人增加的同时，仍有人没有性生活就觉得不自在，所以必须了解这个问题，思考与伴侣之间的关系。

做爱、拥抱、肢体接触等肌肤之亲，是促进催产素分泌的有效方法，通过这样的方式能增加安全感及抗压性，也能使一个人更体贴、宽容。这样的好处双方都能得到。

促进催产素作用的方法，还有与孩子的肢体接触，或是运用身体进行游戏。借着照顾动物、抚摸动物身体等也很有帮助。不仅是让对方按摩，也要为对方按摩，能使彼此更亲密。与亲密的人眼神交会或是相视而笑，也能促进催产素分泌。另外，言辞的爱抚也相当重要，对彼此倾诉关怀的言辞，具有同样的效果。

要点

营造亲密关系的肌肤接触，不仅使人有安全感，更能让人变得体贴宽容。

14.关掉愤怒的开关

故事 三十年来的怨恨

50多岁的笃子，为了和丈夫邦晴之间的问题前来咨询。平时，丈夫即使说一些微不足道的话语，也会让她大动肝火而口出恶言。动不动就翻旧账，把怒气发泄到丈夫身上，连珠炮般地斥责丈夫。

她也不明白自己为什么会变成这个样子。

起因也许是发生在五年前，公公过世后产生的家产问题。

公公过世前，笃子尽心尽力地照顾公公，但是葬礼一结束，小叔就突然提出遗产继承问题，希望遗产能够均分。她的丈夫也没有反驳，就照着弟弟的要求进行。笃子看到丈夫的态度，觉得自己为这个家做牛做马，但是丈夫根本不懂她的辛苦，想到丈夫没有维护妻子的念头，就满腔怒火。

仔细回想起来，丈夫向来都是这样，遇到麻烦事就推给笃子，对别人就当好好先生，但是最重要的妻子却什么也没为她做过。虽然当时笃子想反问老公："你是不是弄错该保护的对象了？"不过笃子最终还是强压下自己的不满。

但是，无法原谅丈夫的心情就这么累积起来。

其实引发笃子不满的都是一些琐碎小事。例如前阵子笃子在厨房刷洗水槽，丈夫对她说："随便洗洗就好了吧，再怎么刷还不是一样。"丈夫的说法让笃子觉得她所做的事一点意义都没有，“反正我做什么事，你都觉得没什么”。所以不论是照顾公公，或是任何笃子所付出的努力，他都视而不见，任凭小叔想怎么做就怎么做。重要的事闷不吭声，却这么无视做牛做马的妻子。她对丈夫很生气，忍不住冒火反击。

然而丈夫的个性本来就大而化之，所以才会在无意间说出让对方不高兴的话。

冷静下来思考一下，就会了解丈夫那么说并没有恶意，或许是怕笃子太累，不希望她太操劳。但因为长久以来的习惯，所以才会以看似轻视对方的口吻说话。其实丈夫真正想表达的很可能只是基于关怀。

就在两人正处于这种状况时，竟然发生了让他们的关系更加雪上加霜的事。那就是丈夫似乎和其他女人有不正当关系。某天，笃子偶然注意到邦晴的手机响了，看了一下，竟然是她不认识的女人寄电子邮件给邦晴。那是一封邀邦晴上山踏青的信。笃子问了丈夫，他说只是一起散步的朋友，并没有特别的关系。但是，邮件内容却带着亲昵的口吻，不像普通朋友，所以笃子后来特别注意丈夫的一举一动，发现果然事有蹊跷，电话一响，邦晴就急急忙忙离开位子去接电话。

笃子一开始总是逼问丈夫，质疑他绝对做了什么见不得人的事。然而，在这么做的同时，笃子也很不安，丈夫每天都被她这么骂个没完，这样的话，他和其他女人在一起一定比较开心，再这么下去，丈夫只会离她越来越远，搞不好会和其他女人一走了之。虽然她不认为丈夫有那么受欢迎，但有些女人确实喜欢年长大叔。萝卜白菜各有所爱，就算是像丈夫这样类型的男人，没准有人就喜欢。

不安的笃子突然觉得丈夫成了受欢迎的男人，虽然丈夫向她保证绝对不会在外面偷腥，但她仍旧半信半疑。

笃子因为钻牛角尖而哭得泪眼汪汪，邦晴轻拍她的背安慰着。丈夫有多少年没这么做了呢？莫非这是为了赎罪、为了哄她才这么做？她希望能够信任丈夫，因此问他：“你真的没骗我吧？”丈夫回答：“当然。”

从这时候开始，笃子也有所收敛，不再老是责骂邦晴，改以正常的态度对待丈夫。虽然有时也会因为某件事重揭旧伤疤，忍不住又要口出恶言，但丈夫并没有不悦的样子，而她也想起之前的不安，尽量缓和自己的怒气。而她的丈夫也反省了自己，开始会和她早上一起去散步，也会帮她做一些家事。

解药　反击无法平息愤怒

案例中笃子的情况，若是丈夫的处理方式错误，将会使夫妻关系彻底恶化，连一起生活都变得困难，妻子可能会因此罹患抑郁症或妄想症等精神疾病，甚至造成无法挽回的状况。要是过去辛苦维护的家庭因此被破坏了，不仅会对日常生活造成妨碍，往后也必定只能迎接寂寞孤独的老年生活。

但是，若能够好好处理，矛盾不久就能化解，甚至能建立比以往更深刻的信赖关系，恢复平静的生活。

本书讲解过会对彼此关系产生破坏性影响的四种非功能性愤怒，案例中呈现的则和矛盾型愤怒，以及沉浸在受伤情境的愤怒有关。矛盾型愤怒是由于得不到渴望被关怀的爱情，因此产生愤怒，也可以说是一种背叛式的爱情。正因为有爱，才会产生恨。

看到笃子这样责备丈夫，背后的原因应该是她深爱着她的丈夫。

另一方面，沉浸在受伤情境的愤怒，则是因为长年累月的忍耐超过限度，因而无法控制怒气。一旦变成这种状况，就算只是鸡毛蒜皮的小事，也会难以忍耐而想要反击。当长久忍耐的事突然显得很愚蠢时，为了取回没有被满足的部分，便产生了反作用力，持续遭受痛击的自恋开始反攻。

这是夫妻或伴侣关系走向终点时常见的状况。不过，在过去人人都忍耐的时代，也有很多即使处在这个状态几十年都没有分手的伴侣。

但是，在这种状态下共同生活，不仅会对彼此形成压力，也会对孩子等周遭人产生负面影响。为了避免造成负面影响，应设法修复彼此关系，若是不可能修复，就要思考结束彼此的关系。

那么，一看到对方就满腔怒火时，该如何修复彼此关系呢？这时，从依附观点出发有助于思考这个问题。陷入矛盾型愤怒时，依附情感不安定，尤其是矛盾型（焦虑型）依附极为强烈，希望获得更多爱情与关注却无法如愿以偿时，就会觉得被漠视因而愤怒。

也就是说，这个状态其实等于拼命在向对方宣称：多关心我、对我更体贴些！却因为心情激动而无法控制好刹车。

对方处在这种状态时，若是置之不理，或是恼羞成怒出口责备，火上浇油的结果，只会让事情恶化。

硬碰硬、以牙还牙的结果，不是解决事情的办法，反而会破坏彼此之间的信赖。

因此，在火冒三丈地责备对方时，必须冷静地仔细思考，是不是矛盾型愤怒。如果答案是肯定的，还任由怒火燃烧下去，等到失去对方时，将会后悔莫及。

这时候有必要好好思考，就这么失去对方会不会后悔。如果这是原本就想要的结果倒无所谓，要是有违本意，却放任自己的情绪任意宣泄，事后想破镜重圆将变得困难重重，一切就成了悲剧。

动不动就斥责对方的状况不断发生时，一定要问问自己，失去对方是自己期待的结果吗？是否内心真正期盼的是希望对方给予协助、体贴，其实不想失去对方。若是需要对方却出口责备，那就会适得其反。希望被爱却向对方挥舞拳头，只会收到反效果，使对方唯恐避之不及。

这时需要做的是自我反省。不能只顾自己的立场，也要站在对方的立场思考问题。这样才能看清楚过去没看到的真相，更明了对方的状况。

然后，试着让自己更坦率、更体贴。如果你正在赌气或是在意输赢，应该主动拿出认输的勇气。**输了比赛却赢了人生的情况比比皆是，世上再也没有比为了无谓的赌气，导致自己孤独一生更愚蠢的事。**

这个案例的状况也相同，事态之所以逆转，是因为笃子感受到可能失去丈夫的危机，面对自己害怕失去对方的心情，察觉自己的行为愚不可及，因而及时停止。

她的丈夫也应对得十分恰当。他担心这么下去妻子可能会疯掉，因为这样的危险意识而停止轻率的态度，同时也反省自己，认真去面对妻子，不再冷淡地视而不见或是逃避问题。体贴与关心是特效药，妻子之所以愤怒，其实是期盼他的体贴与关心。

能够消除愤怒，让对方变得温柔体贴的方法，不是发脾气，而是关怀。关怀体贴伴侣，能促进催产素分泌，消除焦虑与压力，让心情更舒畅，因为温柔才能带来温柔的回报。

要点

关怀，是化解一切对立关系的特效药。

15. “暴力老公”的再出发

故事 建议离婚的状况

事件的起因是很琐碎的小事。某天晚上，因为孩子的教育问题，绫子和丈夫成章产生了意见分歧，两人因此起了口角。不过，这种情况并不是第一次发生，而是家常便饭。隔天绫子看起来仍然十分不悦，成章并没有特别在意，如同往常般出门上班了。

走了五分钟左右，成章发现有东西忘了拿而急忙回家。但是大门竟然锁上打不开。偏偏今天连家里的钥匙都忘带了，成章便敲门大喊：“给我开门！”

受到前晚不愉快的心情影响，绫子在丈夫出门后，便立即锁上门，上二楼的房间休息。成章一直等不到妻子来开门，担心上班迟到的焦虑让他烦躁得大力敲门。正想睡觉的绫子，虽然听到外面有吵闹的声响，但一时并没有下楼的心情。后来因为吵得太大声，令她有些害怕，她才终于下楼打开门，怒不可遏的成章，凶神恶煞般怒视绫子，破口大骂：“搞什么鬼！你就那么想看我上班迟到吗？”

绫子对丈夫的态度感到恐惧，心灵受创的她，手足无措地在网络上查到家暴咨询电话，打去询问。可能是因为绫子哭着说话，咨询人员也把事情看得很严重，虽然过去成章从未有过直接的暴力行为，但咨询人员说，丈夫的言行已经构成言语暴力了，为了避免更严重，劝她立刻离家避难。于是她急忙收拾行李，暂时住在旅馆里。

这段时间，绫子亲自到咨询窗口，把过去对丈夫的怨言全盘托出。对她深表同情的咨询员，认为今后改善的希望渺茫，劝她尽可能离婚比较好，甚至介绍了熟悉家暴及离婚的律师给她。

但是，事情发展到这一步，绫子反而开始不安。就这样离婚真的好吗？除了经济上的担心，她也怕对孩子有影响，而且，离婚真的是自己想要的结果吗？她自己也开始搞不清楚了。不久后，丈夫也诚挚地向她道歉，再加上担心孩子，绫子便暂时回家。因为担心往后会旧事重演，所以夫妻一起接受咨询。

绫子是通过大学的友人，认识大她3岁的成章。成章是在富裕家庭成长的大少爷，但并没有那种在养尊处优的家庭中成长会有的贪婪个性，全身散发出一种悠然自得的气质。

另一方面，绫子是在只有母亲的单亲家庭中长大，不为外人道的辛酸数也数不清，她和母亲之间的关系也不是很稳定，成长中几乎没有被母亲夸赞过。一天到晚听到的，不是母亲的牢骚抱怨，就是对待事情负面的想法。

对这样的绫子来说，在得天独厚的环境下长大的成章相当耀眼，而成章则对个性稍微有些不稳定的绫子放心不下，两人在不知不觉间产生了分也分不开的关系。

然而，结了婚以后，原本被认为是优点的部分全成了缺点。成章比想象中更迟钝，当时婆婆身体还硬朗，绫子成为传统家庭里的媳妇，一天到晚总有令她操心的事。而成章的协助也常让她觉得草率马虎，每到夜里就哭泣的绫子让成章也觉得很烦恼。

有了孩子后，因为觉得事到如今也无可奈何，只好继续维持着婚姻生活。第二个孩子出生后没多久，婆婆因为蛛网膜下腔出血过世，让绫子烦心的事虽然减半，但丈夫还是一样不可靠，时常让她觉得烦躁。

不过，在孩子上小学前，他们夫妻感情并没有特别差。夫妻关系开始出现裂痕，是从孩子经常请假不上学时开始，每次绫子想跟成章商量，成章总是叫她不要那么神经质。满不在乎的口吻，简直就像是在指责身为母亲的绫子太敏感。

丈夫平时根本不关心孩子的教养，这种口吻让绫子很生气，觉得以往的百般忍耐，简直就是白付出，开始忍不住抱怨丈夫，终于导致成章发火的机会大增，最后才不幸发生本文一开始所说的事件。

解药　判断破镜重圆的可能性

夫妻关系的裂痕扩大，通常都是因为出现了某个问题，造成比平时更大的精神负担。**若是夫妻关系能保持稳定，在危机发生时，彼此的羁绊越深就越能相互协助渡过难关。**

但是，如果原本在依附情感上就不稳定，无法面对问题只想逃避，或是因为自恋障碍缺乏体贴关怀，遇到负担时反而会乱了脚步，把责任推到另一半身上，一再抱怨和攻击对方。这个案例的状况，一开始是婆媳问题，后来则是孩子的问题。

被当作大少爷抚养长大的成章，原本就不善于处理别人的情绪。遇到麻烦就躲的丈夫，以及比别人加倍容易忧虑，经常需要支持与认同的焦虑型妻子，他们之间的隔阂，在有负担时变得更大。

然而，就像绫子自己认识到的，她的抱怨与攻击，只是想得到丈夫的体贴与协助，她的目的并非要和丈夫分手。体悟到这一点，绫子开始停止和丈夫敌对，尝试寻求丈夫的协助，重新建立两人的关系，朝彼此合作的方向努力。

绫子本身也在成长过程中有点问题。一直容易过度配合对方而忍耐，不善于清楚地表达自己的心情。这应该是看着母亲脸色长大的后遗症。

另一个问题，尽管对方再可靠，向另一半要求过多，当对方未达到期待值时就会过度责怪对方。这是常发生在焦虑型的人身上的模式。为了稳定夫妻关系，有必要降低对另一半的期待。

另一方面，丈夫成章可能有轻度的泛自闭症倾向，他在意的是事情正不正确，而不是对方的心情。这是逻辑思考较强的男性常有的现象。尤其是妻子属于焦虑型，和妻子的心情相反，不能给予妻子体贴与协助，事情更容易陷入混乱。

在亲密关系中，言行是否正确往往不是最重要的，而是以什么样的心情说这句话、做出那个行为，然而，不擅长处理情绪的人，容易把问题焦点放在事情正不正确上，使得两个人的距离越来越大。

社会大众普遍对家暴的观念已有认知，当丈夫有攻击行为时，一般人很容易聚焦在“暴力”这一点上，这么一来，就会区分为暴力的“加害者”，与被施加暴力的“受害者”。加害者是坏人，必须被惩罚或矫正；受害者是受到不当对待的好人，所以必须加以保护。这是就“司法模式”的刑法观点，从美国开始流行到其他国家，日本也盛行这样的观点。当然，以这个观点保护女性的案例确实不少。

不过，若是把这种模式套用在所有的案例上就会有问题。司法模式对于修复夫妻关系会有妨碍。从“加害者”“受害者”的对立观点切入后，想要真正解决问题，反而变得困难。被视作“加害者”的人，即使一时反省忍耐，但因持续被“受害者”责备、要求反省，最后反而忍无可忍再度爆发的状况也经常发生。

家暴是最后产生的行为结果，而它的发生过程通常和彼此的依附典型差异、成长过程遭受虐待、自恋人格受伤等因素有关。

重要的是正确判断夫妻关系有没有修复的可能性。此时会有两个重点，第一个重点是，妻子能否冷静思考，是否想和丈夫破镜重圆；第二个重点是，丈夫是否愿意面对自己的问题。当中若有一项有困难，就不容易修复，如果只符合其中之一时，可再进一步判断。很多时候，丈夫必须等到被下了最后通牒，才会决心采取行动。

案例中的凌子和成章接受了咨询，采取认知行为治疗，改善彼此关系。妻子对于自己对另一半抱持过高期待，只要无法如愿便会愤怒的行为，产生了自觉；而丈夫也转变了观点，不再只是拘泥于正不正确这一点，而是努力感受对方的心情，他们之间开始能顺利沟通了。

虽然偶尔有些小小的争吵，但是夫妻双方最终还是能言归于好。**他们关系改变的最大原因，不是去看对方犯了什么错，而是直面彼此的失败，重拾体贴与宽容的心。**现在，曾经闹离婚的事，已经成了他们彼此开玩笑的题材。

要点

重拾体贴与宽容的心，才能修补彼此之间的隔阂。

16.从鸟笼振翅疾飞的妻子们

故事 谁夺走了妻子的光环

年过35岁的爱菜，最近持续处于心情低落的状态，家事也没有办法做好，所以接受医疗机构的身心科治疗。最后被确诊是患有抑郁症，持续了半年的药物治疗，但仍然没有改善。为了探究是否有其他问题，爱菜前来咨询。

在初次会谈（有关过程及背景等咨询前的会谈）时，爱菜表示丈夫的工作忙碌，因此两个孩子的教养责任全落在她身上。而且，好不容易等到孩子长大了，却因为婆婆脑卒中发作而不得不接来照顾。丈夫明明还有两个姐姐，婆婆又不是自己的妈妈，为什么必须由她来照顾？她内心也曾觉得不合理。

她的丈夫晃一，只要一讲到和母亲有关的事，就像变了个人似的很情绪化，他听不进去爱菜的抱怨，对她说："那么讨厌照顾我妈，我们离婚算了！"但爱菜只不过是想发泄一下不满，希望丈夫了解她的辛苦，但丈夫却连让爱菜发牢骚都不允许，而且动不动就说："也不想想是谁在养你？"丈夫把爱菜没有赚钱养家这件事，当作缺点般不断数落她。

但是，爱菜并非不想工作。爱菜直到结婚以前都在担任幼教老师，她觉得工作非常有意义。虽然婚后爱菜仍想继续工作，但是下班回家来不及准备晚饭时，丈夫就会满脸不悦。新婚时期就曾因此而吵架，后来爱菜怀孕了，所以她决定以家庭为优先，流着泪辞去了工作。

而后，两个孩子相继出生，再加上照顾婆婆，爱菜每天为家事忙得团团转。

她为了这个家这么努力，但最近很多事总是让她心烦。尤其是老大，爱菜说什么他都会顶嘴，她觉得自己凡事把家庭摆在第一位，却遭到这种对待，简直太可悲了。

没想到这时竟然发生更让她受打击的事。起因是照顾婆婆一事，被丈夫的姐姐挑毛病。婆婆因为肺炎而住院，大姑却表现出一副是因为爱菜照顾不周而引起的样子。她虽然忍气吞声，却也一肚子气。而在一旁听她和大姑对话的晃一，却没帮她说一句话，令她很受打击。

从那时开始，她的心情便极端沮丧，也渐渐地做不了家事。终于，连丈夫也发现爱菜的负担太重，于是，婆婆出院后便进入养护中心，但是爱菜却仿佛被拿掉电池般失去了动力，大部分的时间都躺在床上。

过去的爱菜绝对不是这样的人。她的个性认真负责，不论家事或照顾病人几乎都能做到无可挑剔。她把从事幼儿教师时所受的训练，应用在照顾家庭上。不仅连小地方都十分注意，连教养子女及照顾婆婆的事都写了日记，除了详细的记录，还时常写下问题点及该反省的地方。

就某个意义来说，正因为爱菜比别人加倍努力，所以对于大姑说的话，或是自己的孩子不符合自己所想的时候，反应也加倍大。

把爱菜逼到无路可走的关键问题之一，是爱菜追求完美的性格。解决的办法是爱菜要稍微降低目标或期待，做事的标准不要只有满分或零分，也要接受十分、二十分。她在咨询期间，练习让自己接纳做不到完美也没关系。

另外一个同时夺走爱菜活力与希望的问题，是她过去从工作中感受到极大的成就感，但是婚后忙于养儿育女及照顾婆婆，不能像在职场中那样大展身手而获得肯定。换句话说，无法发挥能力和专业，难以实现自身的价值。虽然家事、教养、照顾婆婆也非常重要，却没有人对她表达感谢，反而认为她所做的都是理所当然。在日复一日的单调工作中，完全消磨掉她的精力。何况，从丈夫的态度或说话口吻，都能看出他彻底贬抑没有在赚钱的妻子，这些使得爱菜更缺乏自信，心灵极度空虚。

咨询师也针对这一点，建议爱菜趁现在婆婆待在养护中心，孩子差不多可以放手了，正是重返职场的好时机，让她看到目前状况的积极一面。

爱菜认为她总是忍辱负重，却没有人感谢她。但是现在她知道其实还有其他选择的可能性，重新找回了希望。她原本失去自信，觉得长久与社会脱节，不可能找到工作。经过咨询后，她改变了这样的想法，知道事实并非这样。

而后，爱菜开始具体思考如何重新展开工作，她开始打工。刚开始虽然有点战战兢兢，但工作的熟悉感重新找回来以后，也逐渐恢复了自信。以前的她无精打采，看起来比实际年龄苍老，但现在却判若两人，显得年轻有活力。

丈夫亲眼看着妻子陷入悲惨的状态，在一起接受咨询的过程中，也反省自己给妻子过多的负担，逃避麻烦，没有给予协助。随后丈夫开始改变自己，协助妻子，同时也借着妻子开始工作的机会，分担部分家事，并决定每个月要在外面吃两次饭，增进夫妻感情。

看到美丽且充满活力的妻子，丈夫也喜形于色。当然，他再也不会说妻子是靠他养活的，反而开玩笑地说，妻子脚步轻快地出门，该不会是在外面有男人了。

爱菜通过自身的经验，以和年轻时不同的观点来看待育儿及教养工作，更加感受到工作的乐趣。最近更扩大活动范围，开始担任亲子教养讲座的讲师，让自己的人生丰富多彩。

解药　重新找回自主的人生

这个案例中的爱菜变得无精打采，对人生失去希望的一个因素，是被剥夺了能发挥自我才能的工作，囚禁在家庭这个狭窄的空间。有些原本在职场大展才能的女性，因为婚后被家庭及养儿育女束缚，因而罹患抑郁症。处在抑郁状态下，连家事也做不好，要是因此又受到丈夫的谴责非议，就会更加没自信，形成可怕的恶性循环。

这种状态，被称为“笼中鸟综合征”。越是原本在职场上活跃出色、受到周围肯定的人，进入家庭后成天只忙于家事、育儿，越容易变得无精打采，连日常生活都显得有气无力。

在这个追求自我价值的时代，谁都希望能在人生舞台上发热发光，只是担任副手角色就会觉得不满足，有必要借助外面的良性刺激及认同，保持身心活力及健康。

爱菜也是这样，婚前能在工作中享受到成就感，但不得不待在家里时，便失去了活力。丈夫在外面工作享有充分自由，却贬抑为操持家事而忙得团团转的妻子，一副她闲在家中享福的口吻。把家事、育儿、照顾母亲的事都推给妻子，将这些事视作理所当然。即使妻子拼尽全力，到头来不仅没有得到丝毫的感谢，甚至被无理指责，连丈夫也不和自己站在同一阵线，内心无法保持平衡，终于导致精神崩溃。

尤其是家事、育儿、照顾病患的事，和在外面赚钱的工作相较之下大多不受肯定，但另一半必须理解，这些事绝对需要更多的努力与耐性。

现实中也有不擅长家事，只适合在职场上发挥的女性，这时候若是被束缚在家中，更容易发生适应不良的问题。

要让笼中鸟综合征痊愈的最好方法，就是离开鸟笼，重新接受外界刺激。不过，长期被囚禁，很可能会丧失回到外界的自信，无法立刻适应，反而不顺利。所以不要一口气冲过头，先跨出一小步，等慢慢适应了再振翅疾飞。

“男主外，女主内”的传统分工方式，在尊重个人的成熟社会里已经过时了。应该学习某些国家（如荷兰），夫妻各工作三天，家事及育儿平均分摊的方式较为合适，不是吗？

当然，也要考虑个人差异，擅长家事、育儿的人，和适合在外赚钱养家的人各有其差别。**不论男性或女性，依个人适合的角色来分担，也是一种方法。**喜欢在外面工作的人，就选择适合在家做事的人作为伴侣。如果两个人都想担任主角，就很有可能有某一方会不满，强迫对方忍耐。这时候，为了避免两人发生裂痕，建立稳定关系，进行公平的角色分担是不可或缺的。

要点

寻找一个相契合的伴侣彼此分担，更能拥有一个稳定的关系。

17.修复依附情感的时刻

故事 单亲妈妈遇上离婚男

晶纪在纽约的第三年，认识了健吾，这时她26岁。当时晶纪是在一家日本客人很多的咖啡馆工作，因而认识了派驻纽约的健吾。同时晶纪正结束一段恋情，带着2岁的女儿，过着单亲妈妈的生活。

娘家虽然是开医院的，但是成为单亲妈妈的晶纪无法投靠娘家。父亲过世，哥哥继承了医院后，更没有她的容身之地。

另一方面，健吾一路走来的人生也波折重重。虽然才刚过30岁，已经离过一次婚，共同生活四年的前妻在一年前离开了。他们离婚的原因是妻子外遇，健吾因为想要远离伤心的过往，所以自愿调任海外。不光是婚姻以离婚收场，健吾的人生也是充满一连串的挫折与失败。学业曾中途受挫，恋爱过程中也遭遇失恋及背叛。因此他离开家乡，希望能重新展开人生，另辟天地。

健吾的个性其实是不懂计划又散漫的，简直就是典型的今朝有酒今朝醉。要去纽约时也是一样，不但没有存款，还有必须清偿的60万日元的债务，向老朋友借钱周转后，才总算离开了日本。

回想起来，可能就是因为这样的个性，才会让他的前妻恋上他人。

健吾第一眼看到晶纪，便被她的魅力吸引，对她一见钟情。

晶纪散发的母性温柔及聪慧，以及良好的家教，使得健吾对她神魂颠倒。晶纪毕业于名牌大学，英语也说得十分流利，在知名贸易公司上班派驻海外工作，因而认识了前男友，怀孕时恋爱也走到了终点，但晶纪仍然选择生下孩子。

听到这些往事的晚上，健吾和晶纪首次有了肉体关系。健吾只是中小企业的驻外人员，学历不高，长相也平平。为什么晶纪会对他许下芳心呢？据晶纪说，她觉得在健吾面前能完全放松。晶纪的身边有很多高地位、高学历，但眼高于顶的精英分子，但健吾和他们不同，他很自然。想到原来有人可以活得这么自在，总是为了守护自己与自尊而拘谨度日的晶纪，觉得可以摆脱不必要的紧张而感到安心与舒适。

和女儿一起见面的某天，健吾说他想成为孩子的父亲，而向晶纪求婚。晶纪原本怀疑他不是认真的，但健吾确实是真心真意的。

于是他们开始了三个人的生活。没多久，健吾有了一个绝佳机会，他的公司打算把海外营业部单独成立为公司，健吾被选为社长。但是，为了签订独家销售契约及拿下合约，需要相当高额的资金。健吾没有那么多积蓄，心如刀割地想着只能放弃时，晶纪说她愿意拿出资金。晶纪拿出从父亲那里所继承的遗产，那原本是为了未来的生活而存下来的钱。于是事情出现转机，健吾以35岁左右的年龄成了海外销售公司的年轻社长。

不过，事情并不是就此一帆风顺，如何雇佣管理当地员工，以及和当地的客户打交道，都不是容易的事。有时健吾也会后悔，觉得不该把妻子的钱投进去。

但这时候晶纪发挥了高超的业务手腕。晶纪不仅英语流利，也擅长应对客人，在经营方面十分干练，正好可以帮助计算账目时总是一塌糊涂的健吾，在关键时刻帮他控管金流。

若是没有晶纪的协助，想必公司一两年内就得倒闭吧？虽然面临过好几次危机，健吾的公司总算度过了艰难的时期，开始顺利发展。十年后，公司的营业范围扩大到西海岸及加拿大，健吾一跃成为成功的企业家。

但是，经济上的成功也带来很多问题。容易陷入恋情的健吾，对身边的女性从没放过献殷勤的机会，喜欢照顾人的健吾并非只是逢场作戏，连分手后的女人他都会帮她们安排出路，因此不会遭到女人怨恨，能在拥有好几个情妇的状况下照样偷腥。当然，家庭的事就容易疏忽了。

晶纪身为女人的自尊受到很深的伤害，她甚至觉得对健吾来说，自己不过是一个共同经营者而不是他的妻子，令她十分空虚。即使如此，晶纪仍然无法下决心离婚。对晶纪的孩子而言，健吾的确是一个温柔的父亲，他对孩子视如己出般疼爱，因为不想再次从孩子身边剥夺父亲，所以晶纪才犹豫着没离婚。

曾几何时，晶纪开始半放弃地把丈夫视作一个酷爱自由的孩子。

没想到这时健吾发生了车祸。他开着福特车以150公里的时速在高速公路上行驶，发生了交通意外，车体翻转了两次，幸好只有骨折没有其他大碍，简直就是奇迹。

急忙赶来的晶纪，尽心尽力地陪在健吾身边照顾他，同时代理他的工作空缺。在晶纪的鼓舞下，健吾的内心起了变化，除了懊恼自己曾经犯下的错，更充满对妻子的感谢。

健吾的伤势终于恢复，但晶纪却在这时发现罹患癌症，令他十分慌乱。一想到可能会失去晶纪，他像个孩子般不安，泪如雨下。他打从内心后悔过去对妻子造成的伤害，决心无论如何都要救妻子。回想起来，把健吾从不断失败的人生中救出来，让他无数次绝处逢生的人就是晶纪。而他竟然对妻子的竭尽心力没有感谢，还视作理所当然，健吾醒悟到自己过去的愚蠢。

幸好妻子的癌症是初期的，治疗后顺利恢复了健康。健吾改变了自己的生活，把混乱的女性关系做了了断，开始重视他的家庭生活。

这样的转变，或许也和年龄有点关系吧？这时的健吾已经超过45岁。他把用在猎艳上的精力，转移到钓鱼及志愿者活动上。每年回日本三四次，在日本的交友也开始广阔起来。

解药 依附形式的改变

这个案例也是因为在最初的蜜月期以后，开始寻求自由的丈夫与重视家庭的妻子之间，逐渐产生了裂痕。

以依附典型来看，晶纪属于忠于一个男人的“安全焦虑型依附”，健吾则是追求更多刺激与关怀，容易三心二意的“不安全焦虑型依附”，两人同样是焦虑型，都有希望被爱的饥饿感及渴求被认同的欲望。两人都遭受过前一个伴侣的背叛而产生心灵伤害，而且都觉得在日本已无容身之处。

晶纪原本是不懂人情世故，单纯相信爱情的千金小姐，最初的恋爱破灭后还成了单亲妈妈，遭受到相当大的打击。但是，在坠落谷底之际，仍然独自生下孩子，无论如何都决心要将孩子抚养长大。

和健吾认识时，最打动晶纪的是健吾由衷地疼爱女儿，即使后来健吾一再外遇也没有改变，这使得晶纪不愿剥夺这份亲情，因而始终留在健吾身边。

另外，晶纪能够一直待在健吾身边还有个原因，那就是健吾虽然多情，但绝不是无情。健吾绝对不会抛弃自己所爱的女人，连分手后都会挂虑对方的生活。因此他就算外遇，也没想过和晶纪分手、离婚。和晶纪的邂逅是他人生中最大的幸运，他把晶纪视作自己的守护神。所以，不论在外面有多少女人，他最后都会回到晶纪和孩子身边。

直到后来意识到可能会失去晶纪，健吾才慌乱得手足无措。因为他在精神上最依赖的是晶纪。他重新察觉晶纪对他的重要性，衷心为对方奉献，两人之间的羁绊因而比过去任何时候都来得更稳固，健吾的依附情感，因为晶纪而从不安全型转变成安全型。

依附情感具有持续性，虽然不会轻易变化，不过大约有三成的人，成年后会产生变化，其中最大的因素就是因为配偶或伴侣，当然，孩子也是一个重要的原因。

依附情感在依附的对象具有安全基地功能时，容易呈现稳定性。当身边有一个可作为安全基地的人，即使是不安全依附典型的人，也能逐渐放松，产生稳固的羁绊。

所谓“安全基地”，就是一个任何时候都会对你说“别担心”的人。他也是一个心灵据点，能够让你勇敢面对新的挑战。对于健吾而言，晶纪就是长久持续的安全基地。因此，原本属于不安全依附型的健吾，因而转变成安全依附型。

依附是彼此互惠的现象，其中一方依附另一方时，另一方也

会产生依附，然后产生互惠的状况。例如父母疼爱孩子时，对孩子而言，父母具有安全基地的功能，因而形成依附；反过来也相同，孩子也对父母发挥安全基地的功能。父母能够因此纾解压力或焦虑，同时通过教养子女，使得依附的伤痕痊愈，开始形成安全的依附情感。

晶纪一直都是孩子及丈夫的安全基地，她对孩子与丈夫的支持，也拯救了她自己。最后两人的感情更为稳固。

像健吾这种类型的男人，要成为稳定的安全基地并不太容易。从妻子的角度来看，想要依靠丈夫时偏偏不在身边，想对他要求什么却多数没有响应。因此造成妻子被迫成为丈夫的安全基地，但丈夫却无法成为妻子的安全基地的不平等关系。

即使如此，仍然可以继续去爱丈夫的女性，应该可以说是特例吧！一般人都会放弃两人的生活、迎向新的人生，或是拉开距离，只把对方视作孩子的父亲，也就是把对方视作一个有婚姻关系的同居人，作为妥协的选择。不过，偶尔也有像这个案例般，突破困难的时期，终于建立安定不会动摇的关系。

要点

彼此互惠的依附，最终将建立安定不动摇的关系。

第 3 章　寻找爱情的新形式

爱不会只有单一的形式，不婚、晚婚、离婚、再婚……都有其意义，重要的是找出适合自己的最佳方式，拥有真爱，获得幸福。

18.长长红线联系的两人

故事 与“小王子”的二十五年

从事会计工作的友香理，在22岁时认识了慎治。慎治比大她4岁，在酒吧当酒保。他的长相相当帅气，很像当时受欢迎的某艺人，而且谈话风趣，和他在一起十分开心。慎治个性温柔，也常会注意细节，给心灵受伤的友香理温暖的关爱。

虽然年纪老大不小了，但是慎治有些地方如孩子般浪漫，让友香理觉得他就像是法国小说中的“小王子”。不过，慎治常常手头拮据，开始交往后，任何消费几乎都是友香理自掏腰包。慎治满口大话，时常诉说他远大的梦想，保证要让友香理过着公主般的生活，但这些口头约定却从来没实现过。他向友香理借的5000、10000日元的小钱，也几乎都没还过。但友香理就是没办法讨厌他。

慎治的老家经营着历史悠久的酒铺，有许多大客户往来。可能也是这个缘故，身为长男的慎治，总是表现出一种家教良好的从容不迫。只不过，虽是长男却是排行老幺，应该相当受宠吧？因此慎治在生活上不懂得节制，总是输给自己的欲望。

越了解慎治的个性，友香理对他们的交往越感到不安。友香理的父亲比较顽固，总是谆谆告诫她绝对不能给别人添麻烦，母亲个性也十分严谨。她在这样的教养下长大，从小就是踏实努力的性格，友香理的学业成绩因此相当优秀，是受老师疼爱的好学生。

因为身边很少有像慎治这样的朋友，友香理几乎像是中了邪般被慎治吸引，但是越了解他，就越对现实感到不安。

不过，当发现自己怀孕时，性格认真的友香理觉得已经没有退路了，要是慎治不跟她结婚，她只有死路一条。

慎治知道她怀孕后，也有些动摇，虽然有点手足无措，但这时事情有了转机。慎治的姐姐出面说服弟弟。有着三寸不烂之舌的慎治似乎很怕这个姐姐，因此承诺了婚事。慎治的姐姐认为成家后，弟弟应该就会踏实稳定地过日子。

然而，慎治的个性并不是成家就会改变的。虽然他很疼爱刚出生的儿子，加上友香理也希望他能在婚后找份踏实的工作。因此慎治找了一份业务员的工作，不过，虽然慎治有好口才，但照样改不了散漫缺乏责任感的个性，不到三个月就被开除了。结果他还是回头去做适合他个性的夜间工作。虽是如此，要是能够好好负担起家中的生活开销也就罢了，但他却一拿到薪水就全部花掉，每个月根本无法拿出足够的生活费，连孩子的奶粉钱也付不起，友香理只好找娘家或婆婆、大姑哭诉借钱。

这么下去不行，友香理好几次都考虑要离婚，但是每次婆婆、大姑都介入，说她们会劝慎治，并援助生活费，因此友香理一直犹豫着没离婚。

然而，实际状况却没有任何改善，慎治始终过着游手好闲的生活，直到儿子上了小学也一样。友香理的情绪因此变得很不稳定，她的父亲无法坐视不管，终于把她带回娘家。最后，两人还是离婚了。不过，因为他们并不是讨厌对方才离婚，而且两个人都很疼爱孩子，离婚后还是会碰面，过着和以前没什么两样的生活。慎治原本就三天两头不在家，与其每天在家等他回来，不如像现在这样每个星期约会一次，友香理反而比较不会焦躁不安。

碰面时，慎治是个快乐的父亲，儿子很喜欢他。虽然慎治没有固定拿出生活费，但是手头宽裕时会给他们零用钱或生活费，孩子满足，友香理也为拿到额外收入而开心。不过，慎治的个性散漫，经常整整一个月都没联络，说好见面的约定成了空头支票，让友香理总是很失望。

离婚后，友香理除了慎治并没有和别的男性交往。慎治在什么地方做什么事她虽然不清楚，但是他总会突然回到友香理及儿子身边。

就在这种暧昧的关系下，儿子高中毕业开始工作了。友香理在家照顾患阿尔茨海默病的父亲，和慎治每星期通一两次电话，每个月一起吃一两次饭。

慎治还是和往常一样，当酒保或举广告牌，从事自由随性的工作，但这种生活似乎很适合他的个性。

解药 不一样的家庭形式

像慎治这样讨厌受束缚的类型，让他成为有固定工作、固定收入的一家之主，他会感到非常拘束。而强行要求慎治扮演社会一般认定的丈夫或父亲角色，妻子友香理也会因为他无法达到期望而痛苦不已。

不过，若是能像这个案例里的夫妻，抛开大众认定的期待，只需要保持一定的联系，不要给对方过多的束缚，一方可以获得自由，另一方则不至于因为期待落空而失望，就有机会维持彼此的关系。

许多这种类型的男性受到束缚被剥夺自由时，就会离开那个束缚他的人，但是如果能够容许他有自己的自由，他就能像爱自己的母亲般去爱那个人。虽然不会总是待在爱人身边，但是想要平静时，就自然会回到爱人的身旁。对于慎治来说，友香理应该就像是能够提供他心灵平静的安全基地吧！

现代社会中，类似这个案例只是维持基本联系而组成的家庭也增加了。

过去生活形态有如草原田鼠般的家庭占大多数，但近年则似乎发生了改变。有逐渐以山地田鼠生活为主流的趋势。多数人觉得在一起生活所得到的痛苦及不愉快，超过喜悦和满足，因而倾向一个人生活。从战前大家族占绝大多数，到单一家庭几近半数的现况来看，就可以了解变化的趋势。

这可能是因为我们脑内催产素接收器的分布产生变化，换句话说是生物学上的演化，在这数十年间，发生的变异让我们几乎成了另一个物种。

就如草原田鼠和山地田鼠的生活形态差异和环境变化有关，发生在人类身上的山地田鼠化，也是应对环境急剧变化的结果！或许也可称为一种“进化”结果。

对于生活在气候温暖的草原、到处可找到食物的草原田鼠而言，以大家庭共同生活、建造巨大的巢穴、共同抵御外敌、保护生命安全及传宗接代的生活形态较为有利；但是对于生活在气候严寒的山岳地区，只能在有限地点取得食物的山地田鼠而言，则不得不舍弃大家庭的生活形态。

人类的情况也相同。来自环境的压力，使得单独生活较为有利，因而改变生活形态。其中的环境压力主要有两项，一是经济压力，也就是对于物质生活丰富的欲望。

在经济压力下，人们借由金钱得到的快乐增加，对金钱的依赖比重大增，因此把多数时间与精力花在获得金钱的活动上，牺牲了其他的活动。

无法带来经济效益的事项，率先成了牺牲品，其中一大代表就是养儿育女。只要有了孩子，不仅工作会有限制，还会有庞大的支出，而且现在的父母无法期待这些支出有所回报。这么一来，从经济角度来看生儿育女这件事，完全是赤字行为。

这样的经济原则逐步发生作用，使得生物本能也开始产生变化。“若是希望生活过得富裕，就要避孕，不能毫无计划地生孩子！”这句曾经是社会走向现代化之际出现的口号。追根究底，这句口号形同呼吁人们不要生小孩。同时，养儿育女也借着各种方法变得有效而省力，借以折中经济原则。但是，这么一来所形成的副作用，就是**与孩子的依附情感变得淡薄**。

和养儿育女相同的，就是家人、邻居、朋友之间的往来。因为无法带来经济上的利益，就经济原则来说就显得浪费。

在这种情况下努力赚来的金钱，人们必然会花掉。因此占用他们多数时间与精力的是消费行为。而且，悠闲度日的生活方式无法满足他们，必须是庞大金额的消费才能令他们满足。他们希望能够密集地运用有限的时间。于是，忙着赚钱和忙着消费，成了现代人的生活常态。

赚钱及花钱成了人们生活的重心，对这两件事以外的事项的关注度也降低了，人们因此受到金钱双重的束缚。

另一项环境压力，则是“个人主义盛行”，也就是重视个人自由及权利，以自我价值实现为人生目标。然而，结婚及拥有家庭，成为这个价值观及生活形态的阻碍。婚姻及家庭两者都被视为束缚个人自由、妨碍自我价值实现的阻碍，现代人开始探索如何在这个制度下自由生存。

究竟个人主义是如何诞生并普遍化的呢？现代个人主义的源头，始于商业繁盛的荷兰。荷兰人在早期，就脱离宗教及皇室的支配，取得自治权，因此人民可以积蓄个人财富。也就是说，人民生活富足带来了个人主义。

结合两者的经济优先型个人主义，成为支配现代社会的主流价值。在这样的时代潮流下，山地田鼠的生活形态远比草原田鼠的生活形态更合适。

经济优先型个人主义可以说就像是处在寒冷山岳地带的严酷环境，周围的竞争对手或敌人环伺，所以不得不抛开期待对方关怀的天真心态。必须忍耐孤寂，让自己不与他人亲近，保持一颗坚硬如石的心。人们就如响应这个时代需求般，抛弃了对他人的温柔与依附情感，只考虑到自身权益，虽然未来可能会落得一个人孤单老死的下场，但是也只能视而不见，活在当下。

追求经济上的富足与追求个人主义虽然在同一阵线，却并非完全一致。两者本来就是不同的价值观，把重心放在金钱或是实现自我价值上，将产生决定性的差异。只不过在现代社会中，两者几乎息息相关。对现代人而言，没有经济后盾却想要成功，犹如缘木求鱼。过去许多人可以过着不重视经济价值却充实的生活，但这种生活在现代社会中逐渐丧失了。因此，追求经济富裕几乎支配了现代人的生活。

如果追求经济的富庶是为了追求个人自由或自我价值实现，

那是再好不过的，可惜实际生活中，追求经济时对个人的束缚，往往无助于追求个人自由或自我价值实现，反而造成妨碍。也就是说达成经济的富足，未必能成就个人，有时也会发生过得并不幸福的状况。

是应该接受如同山地田鼠的生活形态，在其中探索能够幸福的方法，还是人类本来就不可能通过山地田鼠式的生活得到幸福，应该设法重返草原田鼠生活?

有关这一点，我们在下面的章节一起思考吧！不过，有一点我可以断言的是，每个人适合的生活形态，绝对是因人而异。

要点

每个人都有自己的路，适合的生活也绝对是因人而异。

19.婚姻不一定是爱情的坟墓

故事 兼顾自我价值实现与爱情欲求的女性

根据一项研究表明，大部分的孩子对母亲都表现出安全型依附情感，但是现代社会却有近四成的小孩呈现不安全型依附情感，而且比率仍在增加。成人也有相同的倾向，不安全型依附情感典型仿佛是现代化社会的宿命，仔细看现代社会的状况，就会发现这个趋势正加速发展。

不安全型依附情感的人，很难和固定的单一伴侣保持稳定关系，要怎么做才能走向幸福丰富的人生，在过去一直未被重视，但在现代社会，已成为必须正视的问题。

一般人可能以为这个问题比较会发生在男性身上，但近年来具有相同倾向的女性却在持续增加当中。

具有这个倾向且勇敢追求适合自己生活形态的露·安德烈亚斯·莎乐美（Lou Andreas-Salomé），可以称为“先驱者”。从她令人惊叹的人生中，可以理解无法满足于单一男性的女性心理结构，对于思考如何获得适合自己人生的方法，应该有很大的帮助。

本书记录的内容，主要参考彼得斯（Peters）的传记《露·莎乐美的爱与生涯》（*My Sister, My Spouse*），以及莎乐美自己的回忆录、著作和沃纳·罗斯（Werner Ross）所写的传记。

露·安德烈亚斯·莎乐美，1861年2月出生于俄罗斯圣彼得堡。她的父亲是俄罗斯将军斯塔夫·冯·莎乐美，在57岁时和小他

19岁的妻子生下露·莎乐美。对两人而言，这是意外得来的幺女。

露·莎乐美上面还有五个哥哥，虽然母亲仍然希望生儿子，但是第一次拥有女儿的将军喜不自胜，总是叫她的小名“露”（Louise，俄罗斯发音为露意莎，以下简称莎乐美），对她极为溺爱。

莎乐美的母亲年幼时就父母双亡，由祖母带大。她和女儿莎乐美的人生截然不同。她们的差异无法以基因解释，应该和母亲早年就失去父母、在无可依靠的环境下长大有关系。而父母都在上了年纪后才生下女儿，以致教养上较为放纵，对莎乐美更有关键性的影响。

依照当时上流阶层的习俗，莎乐美由奶妈而非亲生母亲照顾。莎乐美跟奶妈很亲近，相对的，反而和母亲关系不太好。等莎乐美年纪渐长，女儿任性骄纵的个性及反抗的态度让母亲感到十分棘手，母女间产生微妙的紧张气氛。但另一方面，父亲则始终站在莎乐美这边，在外形象正气凛然、大公无私的将军，对女儿宠爱有加。

女儿莎乐美也非常喜爱父亲，视母亲为妨碍她和父亲的第三者，她对父亲存有特别的敬爱与感情，甚至曾经因为渴望父亲的拥抱而装病。不断追求被她理想化、伟大、强壮、温柔的父亲形象，成为支配莎乐美人生的主线。

和五个哥哥一起成长，可能也对莎乐美造成了极大的影响。哥哥们虽然受不了妹妹的任性，仍然宽容地疼爱她。在男人围绕下受尽宠爱，以及认为他人都该容许自己任性的想法深植莎乐美的内心。

年少时的莎乐美性格内向、喜爱幻想，她无法适应规矩烦琐的校园生活，而是接受家庭教师的教育。相较于宴会等社交场合，她更爱沉醉于自己的幻想世界。后来她成为成功作家的基础，就是在这些日子里打下的。莎乐美接触了西欧进步的自由思想，对于婚姻束缚抱着敬而远之的态度。

总是和莎乐美站在同一阵线的父亲，在莎乐美17岁时病倒，眼看着犹如天神般的父亲追近死亡，对莎乐美而言是一个大危机，父亲濒临死亡造成她对信仰的动摇。

这时候她认识了亨德里克·吉洛特–加龙省。吉洛特–加龙省是出生于荷兰的牧师，他认为科学和信仰绝非对立矛盾，探究科学上的知识，更能接近神的威严，因此得到知识分子的支持。而且，吉洛特–加龙省如演员般的表演能力及男性魅力让信徒如痴如醉，也因而获得众多女性教徒的支持。

莎乐美第一眼看到在讲坛上的吉洛特–加龙省，便确信他能够拯救自己，她立即采取行动，查出他的地址，给他写了一封表达希望私下会面的信件。从此两个人开始密会，这时吉洛特–加龙省42岁，比莎乐美大了25岁，而且还有两个十几岁的女儿。

起初很明显是莎乐美单方面的追求，吉洛特–加龙省一开始是基于传教的热情，以个人授课的方式教导莎乐美，莎乐美的聪慧及旺盛的求学心，使吉洛特–加龙省沉醉在教导的喜悦中。

父亲的死亡让她深受打击，幸好有吉洛特–加龙省的支持，莎乐美跨越了这个危机。

然而，这时候事情却产生了极大变化，吉洛特–加龙省对于一直敬爱自己的莎乐美，产生了爱意。某天，他突然紧抱住莎乐美，说他爱她，他要和妻子离婚，想和莎乐美结婚。但这番告白却使得莎乐美的幻想破灭。

莎乐美对吉洛特-加龙省的热情瞬间降温，她告诉他不会再接受他的指导，并选择到苏黎世留学。她离开教会，追求崭新的生活方式。

当时的苏黎世是一个国际大都市，当地有许多外国人，大学里也有许多优秀的教授。莎乐美不凡的才气与美貌立即吸引了他们的关注。其中一位为莎乐美的诗作深受感动的教授，把莎乐美介绍给梅森布格。身为女权运动人士的梅森布格当时名声享誉国际，她认识许多欧洲新晋艺术家及知识分子，通过她从中介绍，莎乐美因此认识了华格纳和哲学家保罗·雷以及尼采。

和莎乐美见过面的男性都很快被她吸引，产生想要独占她的欲望，但这样的愿望却没有人能够实现。不幸的是，误以为莎乐美对自己有意的男性相当多，会造成这个状况，是因为莎乐美一邂逅优秀的男性，便带着崇敬之心，几近贪婪地向对方学习，不论多么艰深的知识她都能理解，能够进行知性对话，宛如妖精般的红颜知己，除了莎乐美无人能出其右，在她身边的男性都为她神魂颠倒。

尼采也是其中一人，莎乐美也曾被尼采的才华所吸引。没多久，发生了让尼采喜不自胜的事。他们和友人到意大利北部的湖畔游览，来到美丽无比的奥塔湖时，两人登上了面对湖水的瓦拉洛山，沉醉于绝景的两人在交谈之际拉近了距离，然后，不知是哪一方主动，两人接吻了。

对莎乐美来说，或许只是一时意乱情迷，但个性认真的尼采却把这个吻视为真心的爱情告白。事实上，当时年轻的哲学家保罗·雷也一起同行，保罗也十分迷恋莎乐美，发生这件事以前，三人彼此意气相投，他们接受莎乐美的提议，以朋友的关系同住，三人都很认真地思考同居计划。

因此，当瓦拉洛山的吻一发生，三人的关系瞬间失衡，察觉危机的保罗便想让莎乐美离开尼采，他把莎乐美找来家里长住，莎乐美的心也不自觉改变，反而与保罗更亲近，尼采越是焦急地想和莎乐美见面，莎乐美便越觉得尼采的爱是负担，离他更远。

莎乐美选择保罗的原因，并不是因为爱，而是因为她能主导一切，能随心所欲地操控保罗。两个人虽然共同生活，但莎乐美提出不能发生肉体关系也不结婚的条件，要求保罗只能扮演如兄长般的保护角色。

失去莎乐美的尼采很憔悴，在心情坠落谷底时诞生了他的代表作《查拉图斯特拉如是说》，然而，完成这部著作后没多久，尼采便几近疯狂，往后的人生始终为精神病所苦。

另一方面，保罗则和莎乐美持续了五年有如兄妹般的奇妙同居关系。这期间莎乐美出版了她的第一部作品《与上帝之争》，获得极大的成功，而这部作品无疑是莎乐美自述的心理历程。

然而，与保罗的关系结束的时刻终于还是来了。在莎乐美26岁时，出现了一位热情的求婚者，他叫安德烈亚斯，出生于爪哇岛的巴达维亚（雅加达的旧称），他在瑞士日内瓦接受教育，是一位精通波斯语及土耳其语的男性。与莎乐美邂逅时，安德烈亚斯正在柏林刚成立的东方语言研究所担任教授。

安德烈亚斯比过去所有追求莎乐美的男性，有着更强韧的意志，以及不容反驳的魄力。有时候甚至可以说是个性鲁莽，当他激动而情绪爆发时，莎乐美为之折服。他和莎乐美过去所认识的知识分子截然不同。

能把原本厌恶结婚的莎乐美拉进婚姻里，是因为安德烈亚斯以性命要挟。安德烈亚斯以短剑刺入自己的胸膛，说莎乐美若是不答应他的求婚，就要在她面前自杀。莎乐美为了挽救倒在血泊中的安德烈亚斯，连忙找来医生，最终奇迹般救回他一命。

莎乐美觉悟自己已经无法逃避而同意和安德烈亚斯结婚。但是她也提出附带条件，一是必须接受她和保罗维持如同以往的关系，另一个条件则是不发生肉体关系，也不生小孩。

安德烈亚斯虽然和莎乐美生活在一起，却无法把她占为已有，这种折磨人的状况持续了四十年之久。有时候他试图侵犯睡着的妻子，但是却遭到莎乐美激烈抵抗，甚至掐住他的脖子，让他彻底死心。

结果安德烈亚斯只是取代保罗的位置，即使是攻势猛烈的安德烈亚斯，若希望莎乐美继续待在身边的话，也只能放弃把她占为已有。而被他取代地位的保罗，只能带着悲伤的微笑离开。保罗后来学医，奉献一生为贫苦的人治病，但最终却以自杀的形式画下人生的休止符。

莎乐美虽然拥有安德烈亚斯这个丈夫，仍然持续过着自由旅行及享受恋爱的生活。莎乐美不在身边的时候，是由一位名叫玛丽的女佣照顾安德烈亚斯的生活起居。事实上，她可以说是莎乐美的“替身”，而且也和安德烈亚斯生下两个孩子。对于丈夫的“外遇”，莎乐美完全没有不安的迹象，说不定这反而是她所企盼的，或是说因为他们之间的夫妻关系没有性的联结，所以也不会因为对方外遇而痛苦。

安德烈亚斯和玛丽生下的孩子，一个很早便去世了，另一个是女儿，夫妻俩都把她当作亲生女儿般共同照顾。

而立之年、已婚的莎乐美仍是处女。不过，莎乐美最终并非以花蕾之姿枯萎，35岁以后，她内在的女性部分终于觉醒，让她献出童贞的对象是诗人莱纳·玛利亚·里尔克。他们认识时，里尔克是个22岁的年轻人，36岁的莎乐美，魅力仍然足以虏获小她14岁的年轻人。和其他与莎乐美恋爱的男性相同，里尔克也因为与莎乐美的爱情，产生丰富的灵感，创作了许多诗作。

里尔克写给莎乐美的热烈情书，其中有这么一节：

“我想成为你，我不想待在一个不认识你的梦境，也不渴盼那些你不同意的事，若不能赞诵你，我什么也不要。”（选自《露·莎乐美的爱与生涯》）

莎乐美很清楚这种爱的虚幻，但是也难以离开让她知道身为女人喜悦的里尔克。

莎乐美以教导里尔克俄文为名义，让他住在家附近，然后经常出入里尔克的家。莎乐美认为教导没有固定工作的里尔克俄文，有助于他未来在经济上独立自主。里尔克在创作大量诗作的同时，俄文也有了明显的进步。他把最初的代表诗集《时祷集》献给莎乐美。

他们曾经两度到莎乐美的家乡俄罗斯旅行，第二次旅行时只有他们两人前往，那是一次感动人心的旅程，也是别离的旅程。莎乐美一开始就下定决心要以这趟旅程画下句点，当旅程即将结束时，莎乐美和里尔克分床而眠，两人的关系如她预想般结束了，当莎乐美决定分手时，谁都无法挽回她的心。

后来，里尔克仿佛为了治疗破碎的心，和不是很喜欢的女性结了婚。虽然莎乐美反对他这桩婚姻，但里尔克却如赌气般坚持到底，结果，他的婚姻最终以失败收场。

莎乐美这时已超过40岁，但仍然如20岁少女般光彩动人。她的体形苗条，身材高挑，秾纤合度的身材散发出女性的柔媚，使她更显魅力。让她保持年轻美丽的源泉，是她崭新的恋情，但必须是绝对不会有结果的恋爱。莎乐美与里尔克分手后，身边一直有爱人，她和爱人一起旅行，不论是瑞士或维也纳，都有令她旅程愉悦的伴侣。

在她尽情尽兴的生活中，传来冲击的消息，就是昔日同居的保罗自杀了。而且自杀的地点，竟然是两人过去总是一起度过炎夏的避暑村落，保罗从断崖一跃而下。

莎乐美为此意气消沉地病倒了，原本就纤弱的身体状况也恶化，时常晕眩昏倒。

处在这个困境时，莎乐美向维也纳大学的医生泽克曼求助。泽克曼出身于犹太名门家庭，是个十分具有魅力的男性，莎乐美和里尔克交往以前，泽克曼就是偶尔会一起旅行的同伴，他比莎乐美小7岁，两人认识时泽克曼27岁，现在则是正当盛年的33岁，他一直保持单身，就是因为喜欢莎乐美。

为莎乐美诊疗的泽克曼，诊断出她是精神疲劳，建议她到乡下安心静养。第二年夏天，两人到提洛及克恩顿邦（奥地利）眺望雄伟的山脉，享受登山健行、沐浴大自然的乐趣，莎乐美也渐渐恢复了健康。开启女性成熟一面的莎乐美，不再顽固地封闭身体，回应了泽克曼对她的爱，这是莎乐美有生以来，第一次发自内心沉醉于安心及爱情的欢愉，而且，她怀孕了。

即使得知怀孕，莎乐美仍然以幸福的心情接纳，想到自己也将成为母亲，拥有孩子，她感受到前所未有的喜悦。泽克曼把她带到僻静乡下的妹妹家住，要她在那里生产。他的妹妹从以前就和莎乐美是朋友，由衷地为她怀孕而开心。

但是，莎乐美仍有着没说出口的忧虑。莎乐美是有夫之妇，要是丈夫知道这件事，不知道他会有什么反应？而且，她也对于自己在这个年龄生育感到不安。当时莎乐美已经41岁了，身体也不是很健康，成为母亲后，就免不了要恪守许多限制，过去始终尽兴的自由生活恐怕就要结束了吧。

这时候，让莎乐美更加不安的事情发生了。泽克曼的母亲知道这件事后，大发雷霆，光是勾引前途无量的儿子，还怀了私生子就不可原谅了，竟然还把女儿（泽克曼的妹妹）牵扯进来，泽克曼的母亲忍耐超过了极限，再加上听说保罗自杀的消息，想到儿子可能遭到同样的下场，怒气一发不可收拾，气势汹汹地要莎乐美一星期内搬离女儿的家。

被母亲突袭的泽克曼方寸大乱，为了打开僵局，他打算说服莎乐美的丈夫安德烈亚斯，请求他和莎乐美离婚，于是准备独自前往德国去找安德烈亚斯。他没有告知莎乐美这个决定，结果反而使事情朝着无可挽回的方向发展。

立刻察觉事态不妙的莎乐美感到十分恐惧，要是泽克曼这么做，说不定会被安德烈亚斯杀了。为了保护泽克曼，莎乐美采取极端的解决办法，接受非法堕胎手术，拿掉孩子。当然，她对泽克曼什么都没说。

泽克曼知道这个令人伤心的结果时，正好要去见安德烈亚斯。泽克曼虽然感叹莎乐美没跟他商量就自行决定，但内心或许也松了一口气。后来莎乐美在参与精神分析时，提到这段往事，坦白地说出自己当时其实有不想成为母亲的心情。

莎乐美作为女性的最大特征，就是不会让自己陷入依恋对方的困扰，这样对她而言较为方便自由。安德烈亚斯不仅让她自由度日，当出现类似这次的事件时也可以保护她，免于被其他男人束缚，安德烈亚斯对莎乐美而言，具有保障自由的双重防范功能。

这件事发生的第二年，安德烈亚斯受邀担任哥廷根大学的东方语言教授，于是夫妻二人搬到可以俯瞰哥廷根街道的宅邸。过去他们一直住在公寓，安德烈亚斯及莎乐美都是初次拥有属于自己的家，两人都把这里当作可以终老一生的住宅。莎乐美住在二楼两间相邻的书房和卧室，安德烈亚斯则和女佣玛丽及孩子住在一楼。

她和泽克曼还是保持以前的关系继续交往，莎乐美始终在欧洲各处旅行，有时泽克曼会和她同行。若是没有同行，莎乐美在经过维也纳时，就会把行李寄放到泽克曼的公寓，待在他住的地方。然而，与莎乐美看似幸福的模样相反，泽克曼对于扮演情夫的角色逐渐感到疲惫。不论他再怎么盼望莎乐美成为他的妻子，但莎乐美明显没有这个打算。于是泽克曼终于决心和莎乐美断绝往来，当莎乐美的行李送到公寓时，泽克曼把她的行李送回了旅馆。

而后，泽克曼成为名扬维也纳的优秀医生，虽然有很多结婚的机会，但却没有跟任何人结婚便结束人生。和莎乐美相反，泽克曼始终无法割舍对莎乐美的依恋，从这一点来看，深爱莎乐美的其他男人也都是相同的状况吧。

和泽克曼的关系结束时，莎乐美再度有了新恋情，对方是瑞典的精神分析学家希尔·比耶尔，年纪比莎乐美小了15岁。这时莎乐美虽然已经年过半百，魅力却没有衰退，初次见面就虏获了比耶尔的心。比耶尔曾有这么一段回忆：

“她具有潜入男人内心的才能。她惊人的专注力，能够煽动男人知性的火焰，我在漫长的生涯中，完全没有再遇到过像莎乐美这样能够迅速、完全、完美地了解我的人。”（选自《露·莎乐美的爱与生涯》）

这段话是成为著名精神分析学家的男人，在晚年对于莎乐美的描述。

他们两人热烈地相爱。比耶尔当时已经结婚了，他的妻子生病卧床，比耶尔曾发誓不会对妻子不忠，莎乐美却嗤之以鼻。莎乐美反唇相讥说，难道以道德的力量可以挡得住海洋的涨潮退潮吗？她说，爱就像大自然的潮汐般，人力是不能够控制的。

莎乐美的坚强，或许是基于她的自我防卫，又或许是因为太多的别离经验，让她原本就淡薄的依附情感逐渐变化成脱离依附。

但是，从莎乐美来看，她却认为比耶尔是个被剥夺了自由的可怜男人。不论是他想忠于病榻上的妻子，或是为不忠而痛苦，都是因为他的精神欠缺自由，所以才会被既定观念及自责的想法捆绑而动弹不得。

比耶尔把想学精神分析的莎乐美介绍给弗洛伊德。然而，这却使得两个人的关系走向终点。莎乐美不仅从弗洛伊德那里学到很多知识，也在那里认识了能够满足她性爱欲望的男人。

交往两年后，莎乐美抛弃了比耶尔，这一次是到了和比耶尔对立的弗洛伊德身边，但比耶尔并未因此憎恨莎乐美。

“她让我遍体鳞伤，但同时也带给我很多收获。……她让我的思考过程更灵活，或许她破坏了我的生活或婚姻，但她是一种刺激。……我在她面前有所成长。”（选自《露·莎乐美的爱与生涯》）

莎乐美认识弗洛伊德时，弗洛伊德56岁，他以精神分析学的创始者身份站在这个领域的巅峰，但这样的地位却因为协助者及爱徒的背叛而面临危机。莎乐美在欧洲是有名的女性作家，同时也以身为尼采的恋人而闻名。她成了拯救精神分析学的希望，所以受到弗洛伊德及其他大献殷勤者的青睐。性格严谨老实的弗洛伊德也被莎乐美的魅力吸引。

最初莎乐美脚踏两条船，除了弗洛伊德，还有因为弗洛伊德过度强调性本能而与他决裂的阿德勒。他们两人的讲座莎乐美都参加过，但是阿德勒提出的自卑情结理论却无法满足莎乐美，于是莎乐美选择离开阿德勒，和弗洛伊德在一起。对莎乐美而言，弗洛伊德的理论，认为潜意识的性冲动（性爱的能量）推动意识世界运转的想法，更具有说服力，于是莎乐美成为弗洛伊德的支持者，并以精神分析学家的身份大为活跃。

其实，除了弗洛伊德，莎乐美是一个比任何人都优秀的精神分析学家。这也是理所当然的，她不会受世间的常识或义务所束缚，也不会受先入为主的成见阻碍，而是把内心的欲望及纠葛赤裸裸地暴露在阳光下。从出生到现在的五十年来，她所经历的一切，就像是为了成为精神分析学家而产生的训练。

不过，让莎乐美热衷的并不仅仅是精神分析学，许多男人为了获得莎乐美的爱，在暗地里争得你死我活。最终，获得莎乐美宠爱的，是维克多·陶斯克。

陶斯克35岁，英俊高挑，他端正秀美的容貌似乎笼罩着不幸的阴影。事实上，陶斯克命运相当坎坷，他虽然研究法律并当上了法官，却因为发生了不幸事件而被排除在精英名单外，为了生存而在柏林及维也纳担任记者时，接触了精神分析学，想成为精神分析家。他虽然是两个孩子的父亲，但与妻子的婚姻只是悲惨的束缚。

这时手持魔法棒的莎乐美在陶斯克面前翩然降临，陶斯克有生以来第一次认识这样完全了解自己的女性，他为这种精神与肉体超乎想象的合二为一的邂逅欢欣感动。

然而，莎乐美的爱总是附带保存期限。当半年的预定停留时间结束，她说要回到有丈夫在等待她的哥廷根，让陶斯克宛如从云端瞬间掉落地面。

莎乐美离开后，陶斯克为了忘却这段伤心事，专注在学业上，而后就在他成为精神科医生时，第一次世界大战爆发。他成为战地医院的主任医生，但悲惨的战争经历却加深了他的忧郁。战后他再度以医生身份工作，和其他女性有了婚约（和前妻已经离婚），但却在婚礼一星期前结束了自己的生命。

如果把他的自杀归咎于和莎乐美的恋情失败，并不是很公平，不过，曾经和莎乐美相爱的多数男人，都是到达他人未曾见过的天堂后，再深深坠入绝望的地狱，因此陶克斯的自戕应当不是单纯的偶然。

此后，莎乐美始终以精神分析学家的身份生活。莎乐美是优秀的分析学家，她把许多患者从绝望的人生中解救出来，指引他们重新展开人生。

一位曾接受她精神分析的医生这么说：

“她说话的方式很沉稳平静，鼓舞对方、取得信赖的技巧极为高明。我到现在仍然为当时怎么会对她掏心掏肺说出那么多话感到惊讶，而且，我并不是单纯觉得她了解我，而是感觉她能赦免我的一切。我和她在一起时体验到平静温暖的情感，要说那

是同情哀怜也可以，总之我不曾再有过那样的体验。”（选自《露·莎乐美的爱与生涯》）

由此可以判断，莎乐美的患者所体验到的，应该是超越一般精神分析领域，从人生的诅咒束缚中解放的治疗。

和莎乐美没有交恶，直到最后都能维持良好关系的男性，便是她的丈夫安德烈亚斯及弗洛伊德。她和安德烈亚斯共度四十多年时光，和弗洛伊德也维持二十年的交谊，最后这两人成为她最信赖的人。而这两个人的共同点，就是都和她没有肉体关系，这无疑是一大关键。

莎乐美和弗洛伊德最后一次见面时是67岁，而弗洛伊德已经70多岁。柏林的秋天被红叶装点得光彩耀眼，两人坐在公园的椅子上聊得忘我，忘记了时间。莎乐美之所以敬爱弗洛伊德，是因为他把性本能置于核心的理论，与精神分析学界逆向而行，但弗洛伊德仍然正面应对批判，深深打动了莎乐美。弗洛伊德的生存方式，和莎乐美面对一切束缚而战的生存方式相似，同时也和她最爱的伟大父亲的形象相似。

没多久，莎乐美确诊罹患乳腺癌而接受切除乳房的大手术。这时候，陪在她身边的是丈夫安德烈亚斯。这段平静的时光，或许是两人之间最像夫妻的时光。然而，这样平静的日子没过多久，安德烈亚斯便仿佛任务完成般突然去世。

莎乐美晚年有两位男性待在她身边，这两人都曾因与莎乐美交谈而得到救赎，因而定期来拜访她。一位是后来成为哥廷根大学哲学教授的柯尼希；另一位则是在面临人生绝境时，来接受莎乐美精神分析的40多岁男性恩斯特·菲佛。

这时已接近75岁的莎乐美，虽然体力明显开始衰退，但她的头脑依然清楚，与她的对话深深吸引住他们。恩斯特觉得自己因为莎乐美而得到救赎，因而对她抱着深刻的感情。当时德国纳粹势力正抬头，莎乐美是俄罗斯人，又有弗洛伊德等犹太人的热烈支持，因此她的处境极为危险。

但莎乐美完全没有离开的打算，她唯一在意的是她保管的大量贵重书籍及原稿。其中包括与里尔克、尼采、弗洛伊德之间的往来书信。莎乐美把这些信件都交给恩斯特保管，她相信恩斯特一定会把这些信件连同对她的回忆慎重保存。莎乐美的判断没错，恩斯特果然忠实地完成了任务。

果然如莎乐美所料，在她死后数日，盖世太保便搜查她的住所，没收书房中所有的书籍。可见，即使濒临死亡，莎乐美仍然能够冷静判断世事。

陪伴着莎乐美遗骸直到送至汉诺威火葬场的，只有柯尼希和恩斯特。两人都说莎乐美原本希望能将骨灰撒在自家庭院，但是由于违反当时法令而无法如愿，除此以外，她这一生应该都可说是完全随心所欲的吧。

解药　为爱自己而生也是一种人生

就某种意义而言，莎乐美的人生，可以说是引领潮流的现代生存方式吧。她的生存方针，是不伪装自己，忠实呈现自己的想法，在现代来说，已逐渐形成标准的价值观。同时，她周遭的人所遭受的痛苦、失望、愤怒，也是现代人时常感受到的情绪。

她的前半生，可以说是试图超越性爱，甚至是避讳性爱的生活。借由避免性关系，获得永远不会改变，有如父亲与兄长的爱，这想必是因为伟大的父亲在她心中占有重要的分量。

她需要和众多男性往来及对话给予刺激，这对她而言，犹如性爱的替代品。贪婪的对话及恋爱游戏，让对她痴迷得死去活来的男人更加疯狂。

当对性爱的避讳走到极限时，情况大逆转，莎乐美开始几近贪婪地追求肉体交缠。在她35岁后，奔放丰富的男性经历，意味着她克服了性爱的束缚。然而，野火燎原般的性饥渴，让她即使拥有好几个男人仍无法轻易获得满足。这也可以说是因为她错过了应该可以被满足的时期。一个应当被满足却没有得到满足的欲望，成为半永久的执着，持续地纠缠着她。

另外一个值得关注的特点，是她的依附情感发展不成熟。这个状况表现在和她交往再怎么亲密的男性，她也几乎没有任何留恋，一个接一个地舍弃他们。另外，也可以从她怀孕后，最终还是选择放弃孩子这点看得出来。

淡薄的依附情感，和现代广泛的逃避型依附特征十分一致。莎乐美一开始在最亲密的关系中最避讳肉体关系，即使有了婚姻制约，仍然继续逃避。这也是现代经常可见的特性。她到了中年，解放性关系，即使拥有旺盛的肉体活动，莎乐美仍然不喜欢维持固定的伴侣关系，正是逃避型依附的特征，他们总是想回归自我。

莎乐美对性爱冷眼旁观的态度，来自她的矛盾心理。一面是想和所爱的人合二为一的渴望，但同时又感受到强烈的自我存在。这是因为，想要合二为一就必须舍弃自我，但这么做，就结果来说是不可能的。

由于对性爱抱持这样的观点，也造成像莎乐美这类的女性，即使做爱达到高潮，也不会失去自我，而是站在高处以清醒的目光，直视自己。

和莎乐美有恋爱关系的男性，也都异口同声表示，莎乐美虽然在某些瞬间很热情，却又同时维持着冷静的一面，并且把这样的热情称为“冰冷的热情”。

本身也是精神分析家的比耶尔说：“她即使在最火热的相拥中（这时候的她绝对不是冰冷无情），也无法完全释放她自己。”（选自《露·莎乐美的爱与生涯》）

不敢释放自己，也是逃避型的特征。逃避型的女性，由于无法做到完全忘我，因此很难达到高潮。欲望无法被满足，因此时而过度地纵欲，之后伴随而来的只是空虚。

莎乐美幸福吗？至少她不论在什么样的处境中，都不曾绝望，总是积极地活下去。弗洛伊德对她的最初印象是她的乐观，并认为她具有不适合成为精神分析学家的特质，但是后来还是认同她具有优秀的精神分析学家特质。

莎乐美对自己的人生很满足，1917年俄国革命时她失去了老家，兄长都遭受苦难时，或是德国战败发生恶性通货膨胀而生活困苦时，她也从来不曾绝望、失去活力，这应该代表她很乐观吧？她显现出一个不仰赖神，也拒绝有孩子，只是为追求自我而生存的女性形象。

莎乐美代表的是一个新的幸福形象，也是现代人想追求的幸福——并非老年时被子孙环绕的平静幸福。

就如她自己承认的，性爱在本质上并不会带来永续性，性爱会因反复而厌倦，也会失去活力，为了恢复活力，需要新奇的变化。这是她在邂逅弗洛伊德之前所出版的《性爱》（Die Erotik）

一书中发表的论点。

因此，爱具有悲剧的本性，有着满足也会死亡，不满足也会死亡的不合理的宿命。既然如此，爱不就是毫无意义、徒劳无功的东西吗？莎乐美的论点出人意料，**她认为夫妻要拥有幸福关系，就是彼此应该认同并定期地和有魅力的爱人维持能恢复活力的性爱关系**。她结合亲身经验，在自己的著作中向读者提出建议，当时是1910年，比现在早了一百多年。

据说有外遇的现代人多达五百万人，这些占生育年龄极大比例的人，或许正开始效仿莎乐美的生存方式。

就精神医学来看，莎乐美可以说兼具自恋型人格障碍及回避型人格障碍。这也是在现代人身上广泛可见的人格特质。

不可思议的是，就莎乐美在精神分析发展的贡献来看，弗洛伊德曾阐述她深入探讨自恋（纳西斯／水仙花情结）这方面的研究。莎乐美发现，纳西斯／水仙花情结，也就是所谓的自恋情结，都有着自我毁灭的一面。换句话说，无止境的奉献或牺牲，其实都是自恋情结下的产物。从莎乐美的所作所为来看，她的行为虽然极端任性，但也有一味宽容、不厌其烦关怀对方的时候；有时如同女王般傲慢，有时却又轻易地尽心尽力奉献一切；有着欲望强烈的一面，也有婴儿般纯洁无欲的一面。

莎乐美的乐观主义，有一部分是来自父亲及兄长的溺爱。因此，她永远需要男人对她献殷勤、赞美她、宠爱她。只要能够受到这样的对待，她就能保持乐观。男性对她的爱情与关心，是她赖以生存的精神食粮。

莎乐美的人生，可以说是身为一个女性活在自恋中的完美人生。

不安全型依附典型的女性，不放弃爱情欲求，也不放弃自我实现欲求，而是鱼与熊掌都想兼得。不只拥有丈夫或爱人，莎乐美在战前已是闻名欧洲的女作家，之后更以一流精神分析学家的身份留下具影响力的足迹。

莎乐美实现的家庭形式，仍然是维持丈夫和妻子的关系，但放弃夫妻间性爱上的结合，而是在夫妻关系以外的地方得到满足。

这个形式，是把夫妻或家庭视作安居休养或心灵休憩，及确保养儿育女的场所，却不是恋爱或性爱的场所。有时必须拥有其他爱人，在家庭以外重新找回活力。

这个形态是尊重父系社会的传统，以丈夫所在的家庭为主体。当和恋人的游乐疲倦时，就回到有丈夫等待的家。追求自由生存方式的同时，也强烈地残留父系社会的痕迹。

就这层意义来看，莎乐美的爱情跨越了夫妻及婚姻的形式，或许也是被徒具形式的夫妇形态束缚后转变而得的产物。

要点

为自己而活并非自私，而是找到另外一条爱人的路。

20.崭新的家庭形式

故事 因为离婚重获幸福的女性

在广告代理公司上班的遥佳，和达哉认识时27岁，达哉30岁，比她大3岁。达哉是遥佳公司的客户——某大型汽车制造商的员工。遥佳不只是个美女，而且观察敏锐、工作干练，达哉一见她立刻就被她吸引了。那时遥佳则是因为和一个有妇之夫交往深受伤害，刚和对方分手，处于如果没有人可依靠，就无法撑下去的状态。

答应和达哉一起吃饭，明明不是她喜欢的类型却和他发生关系，也是因为如果自己一个人，就觉得寂寞孤单，就无法把持住自己。或许当时就算不是达哉，而是其他人也无所谓。

不过，身心俱疲的遥佳，面对身为一流企业精英的达哉，也能感觉到他给人的安全感及诚实的个性，让人很安心。若没有后续的意外，两个人究竟会不会结婚，她也不知道。或许更了解彼此后，他们会有其他选择。然而，实际状况没让他们有机会充分了解彼此，交往没多久，遥佳就怀孕了。遥佳并不想堕胎，所以当她告诉达哉，而达哉说："我们结婚吧！"她真的很高兴。心想这么一来，她就可以过上稳定的生活了。

事实上，在这十年间，遥佳狂风暴雨般的恋爱关系，让她每天都过着不平静的生活。还在读高中时，结识的对象是大她20岁的有妇之夫，现在回想起来，也许当初她追求的只是对方一个理想父亲的形象。

遥佳的父亲在外面有情妇，很少回家。她的母亲因此常常情绪不稳定，整天借酒浇愁。母亲几乎每天晚上都对她说："都是因为你，否则我早想离婚了！"遥佳一方面痛恨让母亲受苦的父亲，暗自发誓一定要让母亲幸福。但另一方面，她也想着绝对不要成为像母亲这样，不依靠丈夫就无法活下去的人。"结什么婚，我才不稀罕"以及"看着好了！我一定会有幸福的婚姻"的想法同时存在她心里，但她的内心其实比任何人都憧憬温暖幸福的家庭。

第一个交往的男人，对遥佳来说，可以说是她企盼的理想类型。他代替了亲生父亲给她关怀，教导她如何生存的智慧。遥佳并不是因为讨厌他才和他分手，而是觉得从男人的女儿身边抢走父亲，令她产生强烈的罪恶感。遥佳自行选择结束这段关系，离开他身边时，强忍有如身体撕裂般的痛苦。

即使身体与对方分开了，她的心或许仍然留在对方身上。后来她爱上的人，总是一些和初恋差不多年龄的男人。和达哉认识前交往的男人，也是年龄远大过她的有妇之夫。

以前遥佳意外怀孕，百般不愿地堕胎，曾让她心痛无比。所以这一次，她想要一个能够让她安心把孩子生下来的家，就这一点来看，达哉是一个合适的伴侣。

的确，比起年龄差距一倍，又是有妇之夫的男人，达哉确实比较合适。不过，达哉也有外表看不出的问题。短短一个月的交往，让遥佳并没有注意到这个问题，因为意外怀孕而奉子成婚，就像是"意外事故"。

他们夫妻从婚后就开始出现想法上的差距。看起来体贴、沉稳的达哉，只要心情不好，就判若两人般顽固又情绪化。让他不高兴的原因，通常是事情不如他的预期或无法照他的预定计划进行。

刚结婚时，遥佳仍然继续工作。广告代理商的工作很繁重，她经常比丈夫更晚回家，连假日也会需要突然加班，也有原本说好要外出用餐，却不得不取消的时候。后来她开始害喜，也有卧床无法上班的时候。

当达哉疲惫不堪地饿着肚子回家，晚饭却还没准备好，或是两人难得到外面吃饭，遥佳的手机响了，和客户讲电话的时间长了些时，达哉就会沉默下来，这是他不高兴的信号。

遥佳连忙讨他开心时，达哉便开始以尖刻的言辞不断责备她；遥佳再三道歉，对他言听计从时，有时达哉心情会恢复，但也会有遥佳也觉得累了或是烦躁得无法忍耐的时候。

遥佳并没有偷懒，她挺着怀孕的身体，努力兼顾工作及家事，但是竟然还要被达哉抱怨。达哉因为工作晚归，或是假日去公司加班时，遥佳总是忍耐着宽慰他。但是当遥佳因为工作累得精疲力竭时，达哉却连个盘子也不会帮忙洗，她若没有立刻把饭菜准备好，或是家里整理做得不周全，达哉就会发牢骚。遥佳忍不住反驳时，两人就会争吵。

达哉外表虽然看起来敦厚，生起气来却很容易激动。他绝不接受对方的反驳，即使明显是自己错了，还是会恼羞成怒，依然强词夺理，有时甚至会动手打人。

知道达哉这样的行为和他不正常的成长环境有关，是在两人生活出现裂痕之后。达哉生长在只要求把书念好就可以的家庭。据他说小时候只要考试答错，父亲就会揍他。但是，他在取得优异成绩升入名校后就得到特别待遇，家人凡事都以达哉为优先。

因为自己是精英，所以凡事被礼遇是应该的，只要工作努力达成绩效，别人为自己做好其他事情也理所当然——这是达哉内心的想法。

一方面，遥佳也受到成长环境的影响。遥佳的父亲不仅没有尽到照顾家庭的责任，还动不动就发脾气、对妻子和孩子施加暴力。遥佳憎恨她的父亲，一直很反感父亲的所作所为。因此她觉得自己不可能嫁给一个和父亲相似的人。

然而，实际上她的老公却任性自私，为了小事就发火，甚至还会动手打人，这一定有什么地方不对劲。她觉得很沮丧，甚至想过要离婚，但肚子一天比一天大，遥佳也想过死了算了，但是一想到肚子里的小生命，她还是努力让自己消除自杀的念头。

这么下去，两人的关系一定会完蛋，她希望维持一个幸福的家庭。因为这样的想法，遥佳决定趁着生产的机会辞去工作，专注在家事和育儿上。这个决定直到现在她都认为没有错，至少她可以好好地照顾孩子。

不过，想要改善和丈夫关系的心愿，却无法达成。自从遥佳成为专职家庭主妇后，达哉对家务更是彻底地袖手旁观，他以工作或应酬为由，逃避所有的麻烦事。总是在孩子睡了后才回家，孩子和他不亲，一看到他的脸就哭。

只要遥佳在家事上有什么疏忽，达哉立刻就满脸不悦，孩子大哭或是缠人而打扰到他们夫妻时，他也会不高兴，觉得自己的优先位置被抢占了。他只有在自己高兴的时候才黏着遥佳，把她当作发泄情欲的对象，遥佳对这样的丈夫只觉得厌恶。

从丈夫身上完全感受不到任何爱情与扶持的遥佳，将刚出生的儿子视为支持她的唯一希望。但是，遥佳凡事都以孩子为优先，也成为丈夫不满的因素。丈夫觉得妻子被孩子抢走，甚至嫉妒幼小的儿子。

除了这些不满，可能也有工作上的压力吧。达哉总是一副不高兴的表情，动不动就为一些小事发飙，口不择言地骂人，如果这样还是无法发泄他的怒火，他甚至会动手打人。他总是咒骂："你以为是靠谁赚钱养活你的？"遥佳辞去工作专心当家庭主妇，却被丈夫视作靠他赚钱在家轻松度日的人，丈夫说这句话时，总是以厌恶及轻蔑的态度表现出来。

如果他只是针对自己，遥佳或许还能忍耐。没想到却发生令遥佳觉得再也不可能和他共同生活下去的事。有一天晚上，丈夫对孩子夜哭感到烦躁而斥责妻子，结果他的怒骂吓到孩子，使孩子哭得更厉害，他对着还不满1岁的孩子怒吼："吵死了！"甚至还举起手想打孩子。遥佳连忙以身体护住孩子，抱着孩子离开丈夫身边，和孩子一起在客厅睡到早上。

遥佳的忍耐已经到了极限。她为了孩子，总是一再隐忍，但是丈夫连对孩子都想使用暴力，她已经无法再强忍了。但是，遥佳仍然留在丈夫身边，虽然想离家出走，但辞去工作的遥佳，抱着还在喝奶的孩子，她没有独自一人生活的自信。即使可以投靠娘家，她也抱着强烈的抗拒感。这就像是承认自己的失败，她怎么也开不了口。

还好母亲注意到她的情况，主动开口要她回家。这才让她下定决心回到娘家。

而后，在母亲的协助下，她能顺利照顾孩子。但是，精神上遭受的打击却没那么容易复原。原本决心绝对不陷入这样的处境，最后却事与愿违令她感到绝望，怎么也无法拭去再也无法回头的想法。

有一次，遥佳推着婴儿车走在路上时，突然看到一个正要从大厦往下跳的女子身影。女子跨过楼顶的栏杆，惶惶然不知所措。那个仿若在寻找着死亡场所般往下看的女性身影，看起来就像是自己。“不可以！”她正要这么喊的瞬间，女子的身体已落入半空中。许多人立刻聚过来，遥佳移开视线离开现场。

当时她仿佛听见天上传来一个声音：“活下去！”她觉得自杀的女子有如代替自己一般。在那短暂的瞬间犹豫着，从高楼往下看的女性身影在她的脑海里盘旋不去，从她悲伤的眼神看来，她应该是渴望活下去的吧。

遥佳重新有了往前看的心情，向她原本一直隐瞒的亲友，说明了事情原委，与他们商量，家人也向她伸出援手。

她开始找工作，受雇为正式员工后，重新找回了活力。已经3岁的儿子寄在托儿所，下班时间较晚时，就由母亲帮她接儿子回家。

达哉一开始强烈反对离婚。不过，经过遥佳毫不放弃一再与他商谈后，双方的问题逐渐变得明朗，达哉的态度也变得和缓了。比起生活在一起时，彼此谈判有关离婚一事，反而更加深对彼此的了解，关系比之前还好。要说讽刺确实是很讽刺，但事后回想起来，事情能够这样解决也好。毕竟夫妻就算分开了，达哉仍是孩子的父亲，不可能完全断绝关系，偶尔也会需要他的帮忙。

经过三年的协调，夫妻终于圆满离婚。提交离婚申请书那天，两人牵着儿子一起出门，周围的人都觉得不可思议：“感情看起来这么好，怎么会离婚呢？”

遥佳从小看着父母被不幸的婚姻束缚住，她觉得没有爱的夫妻生活对孩子并没有好处，所以才会想要主动切断这个负面关系，但她也不想从孩子身边剥夺父亲。

她的这番努力确实有了成果，离婚后，遥佳和达哉保持良好的关系，达哉和儿子见面时总是很愉快，儿子对父亲也比之前更亲近。达哉负担教养费用，再加上遥佳的薪水，生活过得十分充实。

因为遥佳住在娘家附近，忙碌时可以拜托母亲帮忙，而父亲也很开心地陪孙子玩，看到父亲变成一个和蔼的爷爷，她感到很不可思议。

因为离婚，遥佳不再受丈夫的束缚，可以全力专注在工作上，她总是光芒耀眼地展现能力，业绩突出，在公司也很受器重。

虽然有时也会有爱神降临，但她并没有考虑再婚。她的恋爱多数都一年就结束，虽然还是照样会被相当于父亲年龄的人吸引，但是，这样反而不会有想结婚的欲望，反而轻松。带孩子及拼工作都让她乐在其中，这样的生活方式让她感到身心都轻松，体会到幸福及生存的价值。

离婚五年后的现在，对于离婚一事，遥佳深感庆幸。

回想一路走到今天的辛苦过程，她还是不免在内心祈祷，可能的话，希望孩子有一个幸福的婚姻。

解药 寻求适合自己的家庭形态

遥佳生长在不稳定的家庭，在爱情匮乏的环境下成长，因此除了形成不安全依附情感，也对自己抱着否定的观感，她需要别人对她加倍的关怀与支持。遥佳同时也有强烈的恋父情结，总是在寻找理想化的父亲形象。

另一方面，她的丈夫达哉，以优等生的身份成为社会精英，容易形成本位主义，只关心自己的业绩和利益，对他人的心情漠不关心，属于自恋人格障碍及逃避型依附典型。应该也有要求妻子做到像母亲那样凡事以自己为优先的倾向。

他们两人在各方面都大相径庭，各自追求的价值观也有极大的差异。之所以会在一起，是因为遥佳在伤心脆弱的情况下，非常想要依靠身边的人。这是焦虑型依附障碍的人常发生的状况。再加上因为怀孕，她失去了选择的自由。

但是，遥佳从一开始就没有把丈夫达哉理想化，更何况又面临怀孕、生育等状况，导致凡事希望以自己为优先的丈夫，其自恋情结在最初时就处于欲求不满的状态。

遥佳与丈夫之间，从刚结婚就不断争吵，起因应该是丈夫一贯的不满态度。

妻子遥佳属于不安全型依附，原本就对受单一男性的关系束缚而感到局促，特意去追求难以到手的人，当追到手时，又容易从迷恋中清醒，即使沉醉于恋爱，感情也很难长久。

另外，遥佳追求的是能够保护她的成熟男性，为了拥有一个安定平凡的家庭，却接受不是那么喜欢的同龄男性作为她的伴侣。而且她挑选的对象，还是自恋人格不成熟的男人，希望独占伴侣所有的关怀。因此孩子对他来说，从一开始就像个多余的人。所以丈夫不仅无法作为保护者，满足她希望被支持的欲求，相反，她还必须照顾这个她无法尊敬的男人。

此外，遥佳还在工作上做了很大的牺牲。

遥佳原本是在职场上十分活跃、受肯定的女性，当她困守在家中时，完全失去了活力。这种情况正是前面提过的“笼中鸟综合征”。

工作成就被剥夺了，又不断遭到丈夫的言辞否定，使她对自己的评价降低。单身时活力充沛的女性，此时变得无精打采，暗淡无光。

因此，遥佳在和有自恋障碍、缺乏同理心的丈夫一起生活时，也同时产生了卡珊德拉障碍，再加上意外怀孕而引起的抑郁问题，使她的状况更是雪上加霜。这些状况若是没有家人的支持，发病及恶化的风险大增。

不过，这个案例最值得注意的是，当事人最终排除困难，把自身的潜力发挥到最大限度，确立了适合的生活形态，让生活重现生机。

追求自我价值的实现及家庭幸福，希望两者兼顾的女性，在经过离婚的试炼后，找出了能够鱼与熊掌兼得的方法。

另外，就依附典型观点来看，不安全型依附的人，也不需要强迫自己接受不合适的生活形态，不需要在自我价值实现及爱情幸福之间抉择要放弃哪一边，而是要勇于实践崭新的生存方式。

为什么能够产生这样的逆转呢？

在思考这件事以前，不妨看看过去具有相同特性的人，是勉强地过着什么样的人生吧？

不安全依附典型的人，就算是经过轰轰烈烈的恋爱而结合，经过数年后，也会对伴侣不再有爱情或关怀。即使尽可能忍耐生活在一起，早晚总会到达极限。为了重新找回忠于自我的生存方

式，需要某个理由或契机。舍弃现在的生活，获得想过新生活的动机，通常都是因为有新的恋爱对象。

借由爱情的力量，抛开熟悉的生活，舍弃过去的伴侣，开始新的生活。即使是一再重复同样的模式，但这样的反复对这类型的人而言才是人生。

但是，这样的生活方式有一个很大的缺点，那就是和世人一般认为的生活形态不同，因此容易遭受到异样的眼光，同时带来的实质损失也相当大。

每一次离别都会在经济上有极大的损失，例如原本累积的有形资产，或像家族这样的无形资产。不管是丈夫或妻子，当夫妻关系破裂时，过去共同支撑生活的伴侣，就会像倒闭公司的债主，为了争夺资产而判若两人，好不容易累积下来的资产，也会因为赡养费或诉讼费而消耗掉，共同生活而购买的房子或家当也因此白费了。

快乐的回忆也成了令人厌恶的记忆，和孩子之间的回忆伴随着痛苦及罪恶感，所以很多人会深深封印在内心。那就像把好不容易到手的宝物，忍痛挖洞埋起来一样，当然是极大的损失。

其中最大的损失，就是失去孩子。有了外遇，选择和外遇对象在一起的夫妻，通常都会失去对孩子的监护权，因为一般人会认为外遇者放弃了身为父母的义务。

现在不安全依附典型的人正在急剧增加，因此需要有适合的生活形态，当这样的人成为社会多数时，社会一般主流价值观或生活形态也会随之改变。

就这一点来看，这个案例同时满足了自我价值实现及爱情欲求这两个课题，可以说是成功避开讨厌束缚、追求自由的典型所适合的生活形态吧！

从两者落空的绝望状态，到成功克服一切，找到合适的生活方式，实现这种逆转，其中一个因素，是放弃“一定要结婚”的思想束缚。同时，从以男性为主的家庭生活形式，转变为以女性为主的家庭生活形式。

因为这样，不安全依附典型的人，不需要再拘泥于“结婚=幸福家庭”的传统观念。对这类型的人而言，结婚的想法太过束缚，就像人们不可能把天鹅饲养在鸟笼里，否则，天鹅一定会失去它的光芒。

另外一个因素是：不是和丈夫共同抚养子女，而是和娘家父母共同养育子女。原本妻子虽然希望和丈夫一起抚养子女，但是，丈夫以工作忙碌为借口，实际上只对自己的事情感兴趣，如果依赖他，只会令自己更沮丧、更烦躁。既然这样，干脆就不要仰赖丈夫，改去寻求娘家支持。这个方法虽然不是上上策，但就现实来看也只能这么做。

就算把这个问题先搁置一旁，这个做法对于不安全依附的人而言，正好是最合适的，也就是说，比起寄希望于丈夫，仰赖娘家协助其实对孩子的影响会较少。

为了符合现实需求，社会结构正在转变，随着不安全依附典型族群的扩大，适合这个族群的生活形态，也将变得更普遍。

实际上，案例中的遥佳正在确立一个新的生活形态。这个生活形态，直截了当地说，就是以母子间的羁绊为优先，丈夫或伴侣可以配合状况替换。

这样的生活形态，并不是要刻意照着进行，也可以采取下列的模式进行：

在有孩子之前，作为一个爱丈夫、有魅力、有能力的伴侣而努力；当有了爱的结晶，生了孩子后，妻子以养育子女为由，放弃照顾生活起居，性关系也采取消极态度。

假设丈夫因为不满或压力，而有了外遇或流连风月场所，又或是以酗酒、赌博来表示不满或压力，甚至对妻子有言语或行为上的暴力，妻子对于这样的丈夫越来越厌恶，以这些理由和丈夫离婚。

尽可能向丈夫要求多一点资产作为赡养费，以及子女的教养费用。丈夫作为孩子的父亲，必须负担生活费，当然每个月可以和孩子见一次面。

妻子可以重新回到职场，有了薪水及前夫给的养育费，生活上就不至于太困难，而且，重新恢复单身后，就可以尽情努力工作，享受自由的恋爱。

如果认识有魅力又有经济能力的男性，爱苗再次萌芽，或许还会有机会再生下孩子。若再次重复同样的状况，生活仍是安稳无忧。这样也许比紧紧抱住一个丈夫不放的生活来得更加安定。就算伴侣当中有一个人突然过世了或落魄了，也不会完全走投无路。

表面上看起来，男方似乎被迫蒙受损失，其实并不是如此。同样是不安全型依附的男性，无法满足于与固定的一个女性生活，失去刺激及受关心的对象束缚，只会令他们觉得痛苦。而且，这一类型的男性对孩子也不太关心，因为他们并不想照顾小孩。他们真心希望的是能够永远以自己为中心，就像小孩一样总是受到关注。

虽然支付了赡养费及养育费，但可以免除养育子女的责任、能够再次谈恋爱、重新拥有个人时间等的自由，其实十分划算。

而且，先不管这样到底还算不算是自己的孩子，实质上已是留下传承个人基因的子孙，偶尔也能碰面，对于那些对子女教育关注程度低的男性而言，这就够了。

因此，这一类型的男女，当其中一人或两人有了孩子后，反而会对另一半失去关注或爱情，不想再照顾对方，可以说在情理之中，两人其实都需要新的伴侣。

只因迂腐的道德或世俗的眼光，以及誓言永恒的爱情，厌倦了也说不出口，一直忍耐着共同生活。但这样的忍耐，将使心情变得烦躁、抑郁。不论任何人，过着有违本意的生活都只会觉得痛苦，失去原本的活力及光彩，让心灵生病。这样的人若是有了新恋情，就能迅速找回活力。

母亲能够工作养育孩子的话，夫妻分开生活，丈夫只需负担生活费。这种生活形态，对于需要有新恋情的类型而言，可以说十分合理。

虽然在这种情况下，孩子必须和父亲或母亲分开，但就影响力来看，和母亲共同生活，父亲偶尔探视的形式，负面影响较少。孩子虽然也需要父亲，但实际上需要母亲的程度超过需要父亲的十倍。这个十倍的数字，也是母子家庭及父子家庭的比例。当然，其中也有例外，母亲缺乏对子女的关心或照顾意愿时，不妨由父亲代替母亲的角色。

回归以母亲及孩子为主的母系社会，父亲在周围活动，给予经济支持，这样能够避免父亲照顾子女的负担，而且可以过着自由的生活。而妻子也可以从丈夫的束缚中解放，高歌恋爱的自由。不过，母亲和孩子同时将成为社会的基本单位结构，由于母系家族形成，家中将是祖母、伯（叔）母等女性人力，容易获得照顾子女的支持，即使交往对象改变，母亲仍是家庭的中心，所以孩子不会失去母亲。

看到这段说法，也许有人会认为这是脱离现实的理论，但其实现代社会已经朝向这个趋势发展，正在演变成这个状况。以这种形态生活的男女或家族，正不断地增加。

这并不是逃离本来的生活形态，只是未来应该会转变成的样貌的过渡形态。

依附典型中不安定型的人正在不断增加，夫妻关系形成流动化的情况，若能维持这样的家庭形态，就能把弊害抑制在最低限度。父母相互仇视或是突然不见踪影，会使孩子受到极大的伤害。父母相互怨恨对方，很多时候是因为一起生活的忍耐超出了极限，却仍然不得不住在一起。当爱情降温，若是自然地减少见面频率，就不需要发生争吵，母亲和孩子的关系不会受影响；而原本在家时间少，就像个客人的父亲，只是比较少见面而已，对孩子来说，几乎没有影响，就结果而言，更能守护孩子。

在父系社会中，一说到谁家的孩子，就意味着他的父亲是谁，因为和父亲的关系很重要。没有父亲的家庭，孩子或母亲都会受到歧视。但在母系社会，说到谁家的孩子，指的则是母亲是谁，父亲是谁不重要。不论父亲是谁、兄弟姐妹是谁、家中有没有父亲，都没什么太大意义，这也是父母追求自由，同时也是守护孩子的两项请求可以达成一致的最佳方案。

未来，也许这个趋势，将成为崭新家庭的形式之一吧！

要点

无须畏惧世俗的目光，找出适合自己的家庭形态。

21.人生与伴侣

故事 第三次的坦率

曾主演过电影《罗马假日》《蒂凡尼的早餐》《窈窕淑女》，到现在仍被全世界的影迷热爱的奥黛丽·赫本，在开朗、愉快的形象背后，却是一个寂寞、渴望获得爱情的人。她的母亲虽然是荷兰贵族后裔，但个性严厉，奥黛丽从小就缺乏母爱。因此，奥黛丽很渴望被爱，总是在寻找一个能够宠爱她的对象。

不幸的是，父亲竟然在她6岁时离开。支持纳粹的父亲，为了政治活动在用尽母亲的财产后便消失无踪，最后跟母亲离了婚。被父亲遗弃，成为奥黛丽一生中最深的心理创伤。

而后，她和父亲只见了一两次，就没再碰过面。和朋友道别回到家时，年幼的奥黛丽总是感受到没有父亲的寂寞。她之后的人生，也和许多失去父亲的少女一样，始终在追求理想化、幻想中的父亲。

奥黛丽借着饮食掩饰父亲不在身边的寂寞，以及无法向母亲撒娇的心情。再加上战乱时的饥饿经验，导致后来她的人生也一再出现暴食症与急剧变瘦的状况，而最初的征兆，在这时候便已经出现了。

不久，奥黛丽在芭蕾舞中找到寄托。母亲也注意到她的才能，积极让她学习芭蕾。第二次世界大战爆发，她们在荷兰的家被德国占领，财产被没收，不得不过着极度贫困的生活，但即使如此，母亲仍继续让她练习芭蕾。

好不容易等到战争结束，这时奥黛丽已经16岁，她居住的街道几乎成了废墟，奥黛丽的家全毁了，但母亲并未因此而哭哭啼啼，而是面对未来采取行动。她认为女儿应该成为一流的芭蕾舞者，于是让女儿到阿姆斯特丹向一流的芭蕾舞老师学习。母亲则去当女佣及花店的店员赚取家用。

这个辛苦是值得的，奥黛丽的舞技几乎达到职业水平，为了能成为首席女伶，她参加著名的玛莉·蓝伯特芭蕾舞学校举办的征选，虽然她合格了，却没有足够的费用入学。即使她从事兼职模特儿及歌舞团演出赚取学费，但还是付不起房租，最后校方答应她可以睡在教室的角落，才总算能够入学。

然而，奥黛丽这么努力练习，她尊敬的恩师玛莉·蓝伯特却在某天向她宣告，她即使当得上次席舞者，也不可能成为首席舞者。身高168厘米的奥黛丽，要成为首席舞者的话，个子过高了。老师这番话，对于把一切赌注放在芭蕾舞上的奥黛丽是沉重的打击。然而，危机就是转机。

奥黛丽为了赚取生活费而担任电影的跑龙套角色，幸运就在这时翩然而降。她参加演出的其中一部作品的导演威廉·惠勒注意到她，因而邀她参加《罗马假日》角色征选的试镜，奥黛丽完全抓住了导演的心。

《罗马假日》初次公开上映就在世界各国造成轰动，奥黛丽一跃成为大明星。这时候，她邂逅了一位男性，是大她12岁的演员梅尔·法利尔。不过，梅尔已有三次的离婚经历，以及和前妻共同生活的四个孩子。

奥黛丽这时已是世界级的巨星，却还是在某些地方缺乏自信，她很内向、温顺。可能是童年时期无依无靠的境遇，以及看母亲脸色长大的环境影响。同时，她也有固执，绝对不肯对自我屈服妥协的一面。母亲虽然反对她与梅尔交往，但奥黛丽仿佛要脱离母亲控制般，坚持自己的想法。

和梅尔在瑞士卢塞恩结婚时，奥黛丽25岁。她对梅尔可说是百依百顺。虽然梅尔的演艺地位比她低得多，奥黛丽仍是退到他的身后。

奥黛丽的愿望是以家庭为重，即使工作减少她也不在乎，但她的丈夫反而不允许她这么做。梅尔深知奥黛丽是棵摇钱树，巧妙地借由妻子赚更多钱，帮助自己成功。

奥黛丽对丈夫这样的想法，毫无违逆地顺从。因此，虽然她内心很想要孩子，却无法如愿，即使好不容易怀孕，也只好堕胎。

她通过养狗来掩饰这样的心情，但其实她想要的是自己的孩子。好不容易在31岁时盼来了自己的孩子，这时候她已结婚六年，堕胎两次。她将生下来的孩子命名为西恩（Sean，意为“神的恩赐”）。

儿子诞生的同时，对奥黛丽而言，也是另一个人生的转折，与多年不见的父亲睽违二十五年再次相会，她的父亲住在爱尔兰，和一个年龄与奥黛丽差不多的女性再婚生活在一起。

知道女儿现在声名大噪，为了避免自己的存在及过去的政治活动伤害女儿的名声，父亲没有自报姓名。奥黛丽主动去拜访父亲，和父亲见面，了解这段时间父亲的状况。直到后来父亲过世，奥黛丽一直都在给予他生活费用的支持。经由这件事，奥黛丽终于从父亲的束缚中解放。

了却两大心愿后，接下来这段时间可说是奥黛丽事业到达巅峰的时期。《蒂凡尼的早餐》《谜中谜》《窈窕淑女》等电影部部卖座，她以女演员的身份更加活跃。

但是，她和丈夫梅尔之间，因为意见对立及感情不和，分歧越来越明显。

奥黛丽认为工作内容比金钱上的得失更重要，但丈夫梅尔却对金钱斤斤计较。只要有赚钱的机会他绝对不会错过。奥黛丽在还很年轻时，重要的决策全交给梅尔，所以不会有意见对立的问题，然而，随着奥黛丽的不断成长，她开始自行判断是非价值，不再对丈夫言听计从。

在丈夫执导的电影中演出不太想演的角色，或是和丈夫一起演出的电影，评价全都很差，她对丈夫的信任，已经无法再像以前那么绝对了。

更关键性的是纪梵希香水引起的纠纷。奥黛丽的好友纪梵希设计师，特别设计一款献给奥黛丽的香水，非常喜爱这个香水的奥黛丽，开玩笑地说："除了我，不可以给别人用！"这款香水命名为"L'Interdit（禁忌）"，和这段逸事同时盛传，一推出即大受欢迎。

然而，梅尔却大肆批评，说纪梵希利用妻子的知名度大赚一笔。奥黛丽认为，只是为了一点小钱，就对好友说出这么失礼的话，她对丈夫很失望。

让夫妻感情更加恶化的是梅尔和女性的关系问题。再怎么说，他都是离过三次婚的男人，即使奥黛丽再有魅力，要他专情在奥黛丽身上，就像是违反他的本性。

因为父母离异而有深刻创伤的奥黛丽，为了儿子决心绝不离婚。因此，即使两人感情出现裂痕，她对丈夫偷腥仍然装作视而不见。

最后，两人经过一年分居后还是离婚了，这时奥黛丽已经39岁了。超过十四年的婚姻生活以失败告终，比别人需要加倍爱情的奥黛丽，可以说并不是从丈夫身上得到爱情，而是因为孩子的支持而活下来。

虏获奥黛丽干涸的心，而且让她从犹豫着要不要离婚到下定决心的人，是曾在罗马大学担任教授助理的精神科医生安德烈·多蒂。小她9岁的安德烈，出身意大利贵族，举止温文儒雅，而且由于精神科医生的职业特色，也很善于倾听。只不过，就培育安定羁绊这方面来看，却不是适合的对象。

在没有父亲的家庭下成长的安德烈，从他沉稳的外表，看不出来他其实也有着不稳定的一面。他是恶名昭彰的花花公子，持续爱同一个女性或是踏实地过日子养育儿女，都和他的本性背道而驰。

但是，渴望被爱的奥黛丽，仿佛完全没有察觉自己将犯下更严重的错误，她一离婚，便迫不及待地和安德烈结婚。婚后四个月怀孕，于40岁生下第二个儿子路卡。

路卡的诞生并未使两人的爱情更稳固。安德烈就像是对照顾孩子的奥黛丽失去兴趣般，一副单身的样子开始玩乐。他好几次被拍到和年轻美女上夜总会，夫妻关系的危机成为街谈巷议的话题。

怎么可能再次犯了同样的错？奥黛丽拼命为丈夫辩护，采取宽容的态度，简直就像在说，年轻的丈夫被自己这样的中年妇女束缚住太可怜了。她一副炫耀的态度说：“他觉得自由是很重要的。”但其实只是勉强忍耐着。

多年后，奥黛丽曾经这么说：“毫不设限的婚姻，无法天长地久，若是有爱，怎么可能不忠？”

从依附典型来看，奥黛丽是比别人加倍需要爱情及支持的焦虑型特质，也有因为不想失去爱情而过度自我压抑，过度迎合对方的依存特质。

另一方面，安德烈则是不考虑对方情绪，属于明哲保身的逃避型依附特质，也是时常需要赞美及哗众取宠的典型自恋人格障碍型男性。虽然身为精神科医生，但并不是发自内心产生同理心，也并非通过帮助对方而感到喜悦，而是因为通过分析情感，能够控制或支配对方。把情绪上的共鸣看得比什么都重要的奥黛丽，和只停留在表层的理解，对他人的悲哀隔岸观火的安德烈简直就如水与油的关系。

两者之间的差异，从两人对下面事件的反应就能一清二楚。奥黛丽的化妆师去世的时候，奥黛丽十分沮丧，连续好几天都哀伤悲恸。但是安德烈却完全无法理解，觉得不论交情再好，只是一个负责化妆的外人，为什么会难过到这种程度?

身为精神科医生的丈夫，别说产生共鸣，他甚至无法理解奥黛丽的心情。他不仅没有安慰妻子，甚至还批评她。伴侣越是受伤、向他求助时，越是感到愤怒，这是逃避型的典型反应。无法和这样的丈夫同心，也是无可奈何的事。

一开始就可以预测必定会以分手收场的婚姻，奥黛丽竟然还坚持了十年。因为不想从儿子路卡身边夺走父亲的想法太强烈，而且也不想承认自己又犯了同样的错误。不过，最后，奥黛丽还是申请离婚，花了两年时间才正式离婚，这时她已经53岁了。

奥黛丽之所以能下定决心断了第二次的婚姻，其实是因为当时出现了一位能够成为她新伴侣的男性。奥黛丽不是一个能够独立自主生活的女性，若是没有新的伴侣，即使自己的伴侣再怎么糟糕，她还是下不了决心分手。

这时候成为奥黛丽新伴侣的是罗伯特·沃德斯。他是一位演员也是一个制作人，比奥黛丽小了9岁，但有个大他25岁的妻子刚过世。

罗伯特长年累月深爱比他年长的女性，他是一个借由对女性奉献而感受到生存价值的人。而且，罗伯特不关心是否会有自己的孩子或成为父亲，只是单纯爱着他所爱的女性。不断在追寻爱情的奥黛丽，总算找到一个将自己如圣母般尊敬、爱戴的人。

两人虽然经历了不同的人生，但其中也有共通点。首先，两人都在荷兰出生，所以能以荷兰语交谈。也都曾经历德国占领与破坏荷兰时的苦难。罗伯特是荷兰皇家航空董事的儿子，在鹿特丹度过幼年期，不过战乱时为了避开战火，借住在农家，很偶然地和奥黛丽以前住的安恒距离非常近。

战后罗伯特到美国寻找新天地，在纽约戏剧学院学习后，参加电视连续剧演出等颇受好评，并趁着这股热度也参加电影演出，照理说应该有机会成为大明星，但他演出的电影却都不卖座。参加第三部电影演出时，大明星梅尔·奥勃朗（Merle Oberon）拔擢他演出对手戏。

梅尔·奥勃朗在1939年的电影《咆哮山庄》出演主角凯瑟琳，是一位美貌的女明星，她丰富的恋爱经历广为人知。话虽这么说，当时她也过了女性最美好的年华，已经59岁了。

但是，罗伯特却立刻被她的魅力所吸引而爱上她。就如电影情节般，女明星与比自己小、年龄悬殊的男性恋爱，动了真情，两人深爱彼此，交往五年后结婚。这是梅尔·奥勃朗的第四段婚姻。

婚后，罗伯特犹如妻子的崇拜者，对她竭尽心力地爱护，但是，结婚才短短四年，梅尔·奥勃朗就去世了。虽然世人谣传罗伯特是为了她的财产才结婚，不过，罗伯特将妻子的遗物宝石以750万美元的天价卖出时，他连一毛钱都没收。他所继承的遗产，只有和妻子一起出钱买下的海滩小屋。

奥黛丽和罗伯特的邂逅，是在妻子去世的两个月后，罗伯特去友人家，而奥黛丽正好住在那个朋友家。奥黛丽温柔地安慰闷闷不乐的罗伯特，不是社交辞令，而是发自内心的安慰，使罗伯特得到慰藉与救赎。

然而，两人当时并未产生恋爱的情愫。一开始多半是奥黛丽倾听罗伯特诉说，安慰着他。不久后，奥黛丽有事找他商量，得到他安慰或支持的次数渐渐增加，不知不觉中，罗伯特已经成了奥黛丽心中不可或缺的存在。

但一想到两次失败婚姻的创伤，以及未满10岁的儿子，真的可以相信这个男人吗？会不会又落到同样的下场呢？奥黛丽非常不安。

不过，罗伯特的诚实以及他始终如一的全心付出，让奥黛丽开始体认到罗伯特和她过去认识的男人并不相同。罗伯特不论在任何时刻，都会站在对方的立场思考，以对方为优先，但绝对不会想要支配对方。奥黛丽第一次遇到能把她的心情放在第一位的男性。

奥黛丽的母亲这时因为老迈而卧病，母亲对奥黛丽的影响巨大。虽然她一直受到母亲支配，但也同时得到母亲的支持。奥黛丽曾说："母亲是我的心情也是我的意识。"也曾说过要是母亲离世，她将会无所适从。

能够走出丧母的哀恸，也是多亏罗伯特的支持，罗伯特一开始顾虑到她的孩子，所以住在附近的房子，等孩子们都能接受他以后才开始共同生活。罗伯特对奥黛丽而言，是比丈夫更重要的伴侣，他们之间虽然有强烈的羁绊，但并没有结婚。

但事实上，奥黛丽完全承认他是实质上的丈夫，不论到哪儿，他们总是在一起。

后来，奥黛丽把热情投注在拯救弱势儿童的联合国儿童基金会活动，更胜过女演员的工作。据她的长男西恩表示，这期间奥黛丽的变化，想必也是受到罗伯特的支持与影响。她以联合国儿童基金会亲善大使的身份，积极地走访埃塞俄比亚、土耳其、厄瓜多尔、苏丹、孟加拉国、越南等地，拥抱饥饿困苦的孩子，向全世界呼吁，筹集募捐款救助他们。甚至连特里萨修女也盛赞并感谢奥黛丽的无私奉献。

在做慈善事业期间，奥黛丽因为腹痛而在洛杉矶医院紧急入院，检查后发现并非原先担忧的阿米巴痢疾，而是大肠癌。虽然三天后立即动了手术，但癌细胞已转移至胃部，唯一的希望是采用化疗，但奥黛丽拒绝了，她希望能回到长年居住的瑞士家中休养。

她生命中的最后一次圣诞节是在自己家中度过的，她也能到院子里愉快地散步。一个月后，奥黛丽在儿子及罗伯特的陪伴下，平静地咽下最后一口气。她直到临终都不曾说一句怨恨的言语，反而带给周围的人欢笑，给他们安慰。对即将失去她而茫然失措的罗伯特及儿子，她也带给他们勇气和希望。

过世前一个礼拜，奥黛丽曾打电话给一个连续失去双亲的友人，她安慰友人道："你非常幸运！我也很希望能像你思念父母般爱我的父母。"

由于是在自己家中面对生命最后一刻的来临，所以罗伯特直到奥黛丽亡故当天，都能伴她而眠，在静谧的夜晚，不受任何人打扰地度过两人的时光。

她最后的一句话，是由她的小儿子传达的："很抱歉，我差不多该走了！"

解药 随着年龄增长而改变的爱情形式

从小就不喜欢母亲，又因长期被父亲抛弃而心灵受创的奥黛丽，对爱情有着强烈的渴望。另外，由于成长过程受到母亲长年的支配、依赖母亲的结果，奥黛丽无法为自己做决定，总是缺乏自信。这两方面的欲求，使她老是选择中看不中用的男人，一再犯同样的错误。

但是，她所经历的两次以失败收场的婚姻，并非完全没有意义。尤其是最初与梅尔·法利尔的婚姻，让她从理想化父亲的束缚中解脱出来，而且改变了她一贯依赖顺从对方的倾向。

在比她年长12岁，不仅是演员，也是电影导演的梅尔身上，她寻求的只是父亲般的保护者角色，由于理想化形象破灭，让她学习到她追求的形象只是幻影，自行判断再采取行动比较可靠，因此她能和梅尔圆满地离婚。

第二次的婚姻，可以说是反作用力造成的结果。因为最初的失败获得的教训，所以被完全相反的类型吸引，这种情况并不稀奇。即将40岁的奥黛丽，想从第二次的婚姻中找回30多岁时被育儿和工作追着跑的时光，有着她身为女性的渴望及焦虑。

多次流产，无法再怀有第二个孩子，可能也是奥黛丽选择年轻且性欲旺盛的安德烈的理由。果然，奥黛丽才和安德烈结婚四个月就有了身孕。对奥黛丽而言，年轻的丈夫达成了她希望赶在最终期限前拥有第二个孩子的愿望。

她并非不在意安德烈和其他女人瞎搞，但就像奥黛丽自己承认的，选择年轻的丈夫，能够获得主产品（儿子），对于难以避免的副产品（外遇），她愿意睁一只眼闭一只眼。奥黛丽实在是一个非常聪慧、冷静的女性。她认定，如果是自己选择的结果，不只是好处，坏处也要一起接受。

但是，次男出生后，第二任丈夫存在的意义便急剧地减弱。奥黛丽已经40岁，也不可能再怀孕，种马般的丈夫只会造成她沉重的负担，丈夫不过是儿子名义上的父亲，几乎没有照顾过儿子，在生活费也不须依赖他的情况下，丈夫的用处当然会降低。

于是，即将从生育时期毕业的奥黛丽，就生活形态来看，也进入了崭新的阶段。

心理学家艾瑞克森把正常人的一生从婴儿期到成人晚期，分为八个发展阶段，称为“艾瑞克森社会心理发展阶段”。夫妻生活专注在繁殖或养育的这段时期为“成年期”，当繁殖任务结束后，就逐渐往下一个阶段迈进，也就是进行自适应、负担新任务的时期，艾瑞克森称为“成熟期”。但是以现代人来说，最后的成熟期可以说变得极长，尤其对女性而言，说是在成熟期后开始第二个阶段的人生也不为过。失去怀孕可能性之后，还有一半的人生在前方等待着。

真正成熟时期的到来，将这个阶段再区分为“熟龄期”，以及面对肉体衰老、准备接受死亡的“老龄期”，可能更接近社会现况。“熟龄期”时间变得极长，有些人可能会长达三十年。

到了熟龄期，与伴侣之间的关系，和以性欲求及生儿育女为主的时期，特质将大不相同。就如艾瑞克森所指出的，**这段时期，人生为了迎向最后终点会完成统合阶段。过去所面对的各项课题或努力，以每个人的形式达成结果。也就是说，从为了孩子，或为了家人的生存方式，转变成了自我，甚至为了自己的使命的生存方式**。

同时，夫妇或伴侣的存在意义，也从“对孩子或家人而言如何”的观点，移转为“对自己而言如何”“对活得像自己的生活方式如何”的观点。另一半是否能在这阶段成为真正一起共度丰富人生的伴侣，最大关键便是精神上的共鸣。

认同或关怀等心情的共鸣，或是共同分享兴趣、嗜好的共鸣，以及人生究竟什么最重要的价值观共鸣，这三项共鸣，成了走到此刻的人生最重要的事项。如果和伴侣之间共鸣的部分极少，就会感受到妨碍了自我统合，两人的关系将面临危机。

过去分工合作的夫妇，随着工作及育儿的负担降低，重心不再是分担而是共鸣，因此，两人之间若是共鸣关系不佳，将比在以育儿或工作为主的时期，感受到更大的分歧，也就是现代社会逐渐增加的熟年离婚危机。

从生育儿女的生物学束缚中获得自由，有机会可以转变成完全不同形式的爱情。超越结婚或性爱等约束捆绑的关系，以自由而且是精神上的联结，彼此相互支持。

脱离没有孩子束缚的年龄，奥黛丽初次从生物学上的束缚中解脱而得到自由，找到真正追求的事物。她找到从童年时就追求的情感，一个始终顾虑自己、陪伴自己、温柔地支持自己的爱人。

然而，深受两段失败婚姻伤害的奥黛丽，无法相信第三次的婚姻，只要不再受限于结婚的框架，就不会因背叛而受伤，不必再次因为离婚而痛苦。这时奥黛丽内心很矛盾，越是觉得对方重要，就越不希望失去对方。罗伯特感受到奥黛丽的不安，没有违背奥黛丽的心愿，这就是他对奥黛丽的温柔与体贴。

回溯奥黛丽三个阶段的爱，可以说是从一个原本只知道依赖、受支配的奥黛丽，转变为确立自我、保有主体性的过程。

爱就像这样，循着一个人的成熟阶段而改变形式。有人是借由更换伴侣来实现，但也有人是面对同一个伴侣而发生这样的变化。原本听从丈夫，百依百顺的妻子，开始自我觉醒，对丈夫提出自己的主张，和丈夫站在对等的关系上，或是反而让丈夫听从自己的状况也不少见。

就某个意义而言，能够完成这个变化的人很幸运。变化的时期，丈夫对于妻子的转变可能会不知所措，或是变得很不自然，但经过这样的历程，就能进展为新的关系，另一半也有可能因而判若两人，夫妻关系变得和睦，重新找回新鲜感。

希望你能记住，**换一个伴侣是一种方式，面对课题让彼此关系保持新鲜感也是另一种方式**。

有些爱情会随着性欲衰退跟着褪色，到了不可能再受孕的年龄，便失去存在的理由。但也有些爱情并非如此。

确实有些人是到了熟龄期，才真正获得崭新阶段的爱情。到了这个年龄才结合的伴侣，已经逃脱为了传宗接代的生物学陷阱，能够更自由地去爱，而且，能够追求往更高层次——精神层次的结合。或许这才应该称为真爱。也许到了这样的年龄，才能邂逅真正的爱情。

要点

维系关系有许多方式，关键是想办法保持新鲜感。

结语

唯有爱与关怀，人才能活下去

一般人可能认为关怀他人未必是活下去的条件。关怀他人，又不能填饱肚子！在复杂的社会环境下，想要活下去，关怀他人反而是个障碍。

也许有人因为遭到背叛、受到伤害，心生觉悟，认为打从一开始就不该期待对方体贴。

或许有人认为，就是因为温柔及宠爱，孩子才会变成草莓族（指像草莓一样，尽管外表光鲜亮丽，但却承受不了挫折，一碰即烂的人）。与其教养出一个性格温暾的孩子，不如及早让他领会现实的残酷，培养孩子成为一个坚强的人。

我无意否定这样的观点，只不过，多数临床实验及医学研究显示，人类若不懂得体贴他人，不但无法获得幸福，连活下去都有困难。若是缺乏体贴，孩子甚至会有生存的危机，即使能够活下去，成长也会停滞，内心将封闭在黑暗中。

成人也相同，在一个缺乏体贴关爱的环境中成长，很难维持身心的健康。人们可能会因此生病死亡自杀，或是产生酗酒等慢性自杀行为。因为当人们置身在缺乏任何关爱的环境下，容易轻贱、挥霍而缩短自己的生命，有如点燃一根火柴棒一样。

关怀体贴，是生存不能欠缺的营养素，若是匮乏，将会如同照射不到阳光的植物，很快就会生病、枯萎。

因此，任何人都需要体贴关爱。

关爱的源头，来自催产素这种激素。催产素有助于产生作为人与人羁绊基础的依附情感，也和子女教养或夫妻关系等长期持续的爱有关。夫妻关系中的两人超越性爱而结合，就是因为有依附情感的结构，形成双方相互关怀的力量。

由于彼此关爱，能提高催产素作用，不仅能增强彼此的羁绊，也能保护彼此免于压力或不安，带来身心健康与幸福。

相互关爱对于伴侣如此重要，但有多数夫妻结婚多年，却仍然相互攻击、谴责彼此。妻子对丈夫失望，责备丈夫；受责备的丈夫恼羞成怒，对妻子施暴等。为了避免冲突，夫妻双方对彼此漠不关心，对待另一半比对任何人都冷淡。

这样的现象，正在现代社会各处蔓延开来。

原本双方都是期盼被爱、被温柔对待，这应该是攸关性命的真实渴望。

但现实生活中，多数的伴侣却无法实现心中的渴盼。因为任何人都不可能在没有关爱的环境下生存。得不到伴侣的关爱，总是受伴侣责备，因而产生厌恶，无法再忍耐这样的日子，整天唉声叹气或是怒气爆发，使得彼此关系越来越恶化，最后终于分道扬镳。然而，因为认为错在对方，所以不论换了多少个伴侣，悲剧仍会一再重演。

一味地怪罪对方，是永远无法解决问题的，因为所谓的关怀，不是单方面付出，而是在彼此相处的过程中日积月累。如果无法得到关怀，就不理睬对方、责备对方，也未必能如愿以偿。相反，若是能主动付出，不刻意索求，也许反而能得到关怀。

希望获得幸福，就是首先要让身边的人幸福。即使做不到让自己幸福，想要使周遭的人变得更幸福，只要努力就能做到。关怀他人是拥有幸福的唯一方法。催产素无法顺利启动，人就无法感受到幸福，而关怀他人，才能使得催产素更为活跃。

现实社会中，每个人都拼命专注在自身的事情上，丧失了对他人的体贴与关怀。连应该以关爱疗愈心灵为主的家庭，也成了伤害彼此的场所。没有关怀，只有冷淡、严厉、顽固与支配的关系。

本书的读者，想必多少会因为现在的社会，或是在你身上发生的问题，不知不觉中觉得与伴侣的关系陷入绝境，才会翻阅本书吧。衷心期盼各位能借由书中提出的观点及方法，受到启发，改变现状，重建相互关怀的关系。

爱不会只有单一的形式。今日的社会，可能与我们过去的爱情形式不同，但或许是探索爱的崭新形式的好时机。因此，没有必要拘泥于永恒的爱情、坚若磐石的婚姻关系。不婚、晚婚、离婚、再婚……都有其意义，这已经不是孰优孰劣的问题，重要的是找出适合你的最佳方式，希望你能拥有真爱，获得幸福生活。

最后，让我向满怀热情，耐心等待我写出本书的河出书房新社编辑部的千美朝，致上最深的谢意。

2015年秋　冈田尊司